データで見る

日本経済の現在地

働くときに知っておきたい
「自分ごと」のお金の話

弁護士 明石順平

大和書房

プロローグ

太郎

(……明日から新社会人。のんびりできるのも今だけだから、限界まで布団で過ごそう。仕事が始まれば地獄の日々かもしれないし。日本の景気もよくないようだし、この先ずっと働いていけるかな。せめて今日だけは、不安を忘れて現実逃避……)

?

……

(……誰だ、
僕の顔をペタペタさわっているのは)

?

……

…………!? だ、誰だお前は！

モノシリン

はじめまして、私は妖怪のモノシリン。この世界のことについて、何でも知っている。そしてその知識を、君みたいな愚かな現実逃避マンに勝手に教えて衝撃を与えることを趣味としているものだ。

ずいぶん性格の悪い趣味だね。でも僕、そんなに知りたいことなんてないよ。

そうかもしれないが、知りたくないことならあるはずだ。それはつまり、**君がこの先この国で働いていくことに希望はあるのかどうか、いつまでも安定した仕事と給料を得られるのか**、将来、日本の経済が崩壊することはないのか、あとは……

あ、ごめんなさい、知りたくないです。

そんな相手に勝手にあれこれ教えることこそが、私の何よりの喜びなのだ。

なんか変なのにからまれちゃったなあ。でも、君は妖怪なのに、仕事だとか給料だとか経済だとか、なんで人間のことにそんなに詳しいの？　もしかして、妖怪だから未来が見えるとか？

いや、私に未来を見る能力はない。得意なことをしいてあげるなら、インターネットで様々な情報を見つけ出すこと……

いやいやちょっと待って、何だよ、その庶民的な特技は。そんなこと僕だってできるよ。

いや、できていない。なぜなら君は、日本経済の現状はおろか、自分が働いていくうえで直接関係しているこの国の労働環境や給料、お金の仕組みなど、ほとんど知らないでしょ。

ぐぅ……、なんで分かるの。
まぁそうだけど。

今の時代、ちょっとインターネットを調べれば、ありとあらゆるデータが誰にでも見られるようになっている。**データは事実そのものだ**。君はそれらの事実を直視せず、ネット上の自分にとって心地よい誰かの意見だけを、「情報」として受け取っているんじゃないのかい？

こんな妖怪に核心をつかれるとは……。そうだよ、もちろん、自分の将来や日本経済の未来を考えたら不安だよ。そして、最低限の知識を持っていた方がいいことも分かるんだけど、どこから手をつけたらいいのか分からないよ。

確かに、慣れていないと、経済について知りたいときに、どこが発表している何の数値を見ればよいのか迷うだろう。

それに、ただ数値を見てみても、僕にはそこから経済を読み解くなんてできそうもないよ。

そんなときこそ、私の出番だ。日本の経済を理解するのに必要な数値をそろえ、それを、とても分かりやすい115のデータ図にまとめてあげる。……あ、そういうのつくるのも得意分野。

（つくづく妖怪らしくないやつだな……）

そして、データが何を示しているのか、それを理解するために必要な範囲で知識を入れていくと、頭に入りやすいはずだ。だから、これから様々なデータを見せながら、経済、国の財政、お金の仕組み、仕事と給料のことなどを分かりやすく教えていくことにしよう。

少なくとも、**君が今のまま日本経済についてまったく無知なまま社会に出ていくのは危険すぎる。115のデータを見終わる頃には、ずいぶんと社会の荒波をうまく泳ぎ、渡っていく力がついていることだろう**。

（強引で変なヤツだけど、言っていることはまっとうだし、社会人になる前に聞いておいて損はなさそうだ。）わかった、君につきあうことにするよ。

働くときに知っておきたい「自分ごと」のお金の話

データで見る日本経済の現在地

スタート！

働くときに知っておきたい「自分ごと」のお金の話
データで見る日本経済の現在地

CONTENTS

5章 日本で人らしく働くためには

6章 日本と世界の未来予測図

僕の給料は、この国の経済を映している

1章

■日本の賃金を世界と比較してみると…

モ　まずは、太郎が心配している賃金のデータを見てみよう。**賃金を見れば、その国の経済状況もよく分かる**。この図はOECD[1]加盟国中34カ国の**名目賃金**について、1996年と比較した2021年の伸び率を示したものだ。ちなみに名目賃金とは、見た目の金額そのままの賃金を言う。この中で唯一、日本だけが1996年より2021年の名目賃金が下がっているね。3.6%下がっている。図 1-1

図 1-1　賃金を25年前と比べてみたら

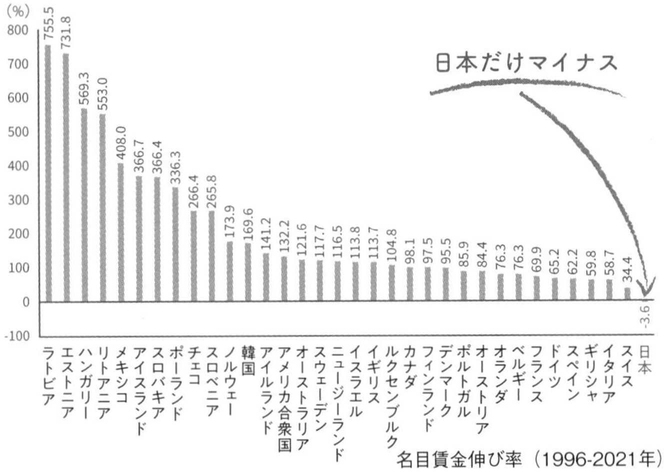

太　これは衝撃的……。日本の次に伸びてないのがスイスだけど、それでも34.4%伸びているから、日本の異常さが突出

1　OECDは「Organisation for Economic Co-operation and Development」の略。経済協力開発機構。ヨーロッパ諸国を中心に日・米を含め、2023年1月現在、38カ国の先進国が加盟する国際機関。

しているね。

モ　次に**実質賃金**を見てみよう。**実質賃金は、名目賃金を消費者物価指数で割った値のことだ。物価変動の影響を取り除いた、賃金の真の値打ちを表す数値になる。**例えば、名目賃金が2倍になっても、物価が同じく2倍になった場合、実質賃金は変わらない。なお、ここで言う指数とは、ある時点を100とした場合の数値のこと。図 1-2

図 1-2 より実際的な賃金の伸び率

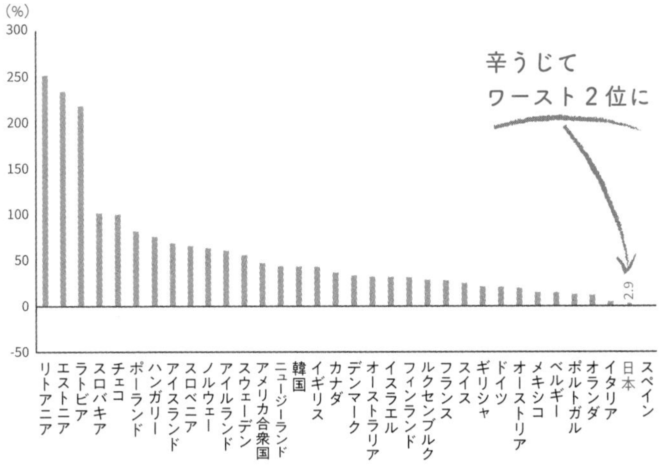

実質賃金伸び率(1996-2021年)

太　名目賃金よりはましだね。1996年より2.9%だけ伸びている。……まあでもほとんど変わってないね。日本より伸びてないのはスペインだけ。

モ　そう。そして、この名目賃金と実質賃金の状況は、**名目GDP、実質GDP**の状況とほとんど一致している。ちなみにGDPとは、「Gross Domestic Product」の略で、国内総生産のことだ。一定期間内（通常1年間）に国内で産出された**付加価値**の総額で、**国の経済水準を測る基本的指標**となる。また付加価値とは、サービスや商品などを販売したときの価値から、原材料費や流通費用などを差し引いた価値のこと。一言でいえば「儲け」ということだね。

では、**IMF**[2]が「先進国」にカテゴライズしている国の名目・実質GDPの、1996年と比較した2021年の伸び率を見てみよう。まずは名目GDPから。図 1-3

図 1-3　GDPを25年前と比べてみたら

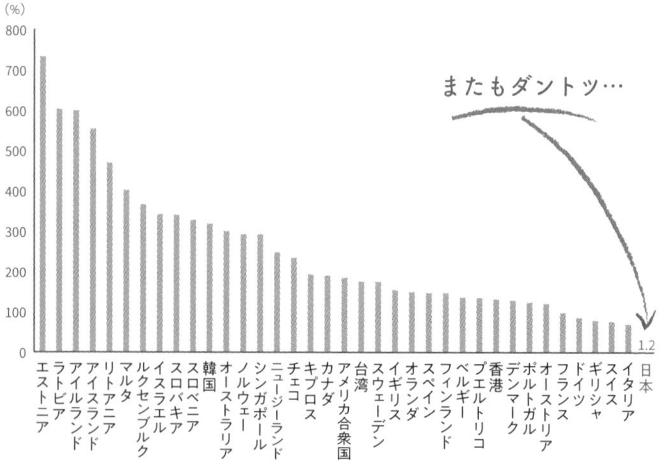

名目GDP伸び率（1996-2021年）

2 「International Monetary Fund」の略。国際通貨基金。通貨と為替相場、国際金融システムの安定化を目的とした国際連合の専門機関。

太　日本は1.2%しか伸びてないから、これもまた、ダントツでビリだね。次に伸びてないイタリアですら69.8%。日本は文字どおり桁違いに伸びてない。

モ　次は実質GDPの伸び率を見てみよう。図1-4

図1-4 そして、より実際的なGDP伸び率は

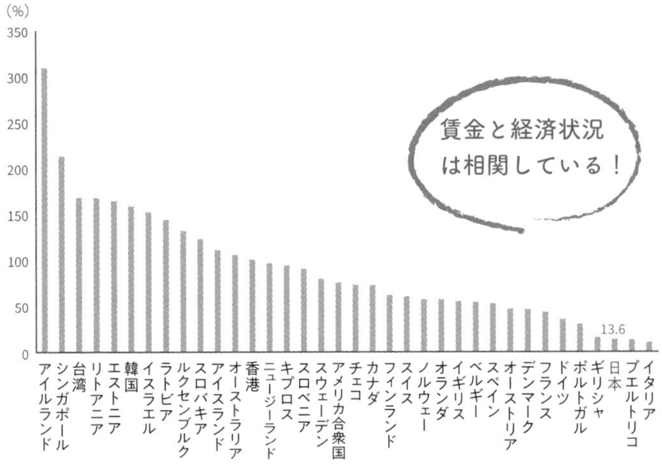

実質GDP伸び率（1996-2021年）

太　一番伸びてないのがイタリア（10.5%）、次がプエルトリコ（13.2%）、その次が日本（13.6%）だから、名目よりはマシだけど、やっぱり全然ダメだね。

モ　そう。このように、賃金の低迷がGDPの低迷と名目・実質ともにほとんど同じであることが分かるだろう。

太　うん。賃金が低迷していることはつまり、日本の経済が低迷していることを表しているわけだね。なんだかとても大きなモノを相手に考えないといけないんだなぁ……。でも、なんで日本はこんなに低迷しているの？

モ　それを理解するには、少し歴史を遡って見てみる必要がある。具体的に言うと、バブル崩壊後の金融危機が大きく影響しているんだ。今度はそれを見てみよう。

■ いつから賃金は下がり始めた？

モ　**バブル**というのは、ある資産の価格が異常に上がってしまう現象のことだ。1990年前後に起こった**日本のバブルでは、株と不動産が異常に値上がりした**。このバブルが起きるきっかけとなったのが、日銀による**公定《こうてい》歩《ぶ》合《あい》**の引き下げだ。公定歩合というのは、**日本銀行（日銀）**が民間銀行へお金を貸すときの金利のことだ。これを下げると、民間銀行が企業や個人へ貸すお金の**金利**も下がるようになっていた。

太　金利って何？

モ　**お金のレンタル料のこと**だ。例えば金利1%で100万円借りたとすると、100万円×0.01＝1万円がレンタル料ということになる。返すときには100万円に加えて1万円を支払う必要がある。さて、ここで金利を下げるとどうなるかな。

太　返すときに支払うレンタル料が減るということだから、借りやすくなるね。

モ　そう、**金利を下げるとお金を借りやすくなる**。だから借りる会社や人が増える。そして、みんな借りたお金で手っ取り早く儲けたいと考えると、株や不動産を買うことになる。

太　その資産を買ったときより高い値段で売ることができれば、差額で儲かるからだね。でも、なんで公定歩合を引き下げることになったの？

モ　**プラザ合意**が原因だ。プラザ合意というのは、1985年9月22日に、先進5カ国蔵相・中央銀行総裁会議（G5）により発表された、**為替レート**安定化に関する合意のこと。為替レートとは、通貨間の交換比率のことだ。例えば1ドル100円だったら、1ドルと100円を交換できることになる。プラザ合意以前は1ドル240円ぐらいだった。

太　1ドル手に入れるために240円も支払わないといけないから、円の価値が今よりも低かったんだね。

モ　そう。そして**プラザ合意の具体的な中身は、ドルを安くして、それ以外の先進国の通貨を高くする**というものだ。日本とアメリカの関係でいえば、円を高くしてドルを安くすることになる。これを**円高ドル安**と言う。

太　アメリカにとっては、自分の国のお金を安くするってことだよね。なんでそんなことしたの？

モ　それは、アメリカの貿易赤字が大きくなっていたから。その大きな要因が、「ドルが他国の通貨に対して高すぎる」ということだった。通貨が安い国であれば、人件費を低く抑えられるから、製品を安く作ることができ、輸出で儲けやすい。他方、通貨が高い国は人件費が高くなってしまうから、どうしても製品の値段を高くせざるを得ない。そうすると価格競争で通貨の安い国に負ける。ただ、通貨の安い国の製品を買いやすいので輸入は多くなる。

太　なら、通貨の高い国は輸出より輸入の方が多くなるね。

モ　そう。当時のアメリカはそんな状態だった。輸出より輸入が多いから、支払うお金の方が多くなる。放っておいたらどんどんお金が外に出てしまう。それでは困るということで、プラザ合意によってドルの価値を下げようとしたんだ。

太　でもそうなると、輸出で儲けていた国は大ピンチにならない？　例えば、1ドル200円のときは、何か作ってそれを1ドルでアメリカで売り、円に換えれば200円手に入る。だけど、1ドル100円になったら、同じ1ドルで売っても100円にしかならないから、売り上げが半分になっちゃうよ。

モ　そのとおりだ。そこで、公定歩合の引き下げが出てくる。円高によってものすごい不景気になることを恐れた日銀は、公定歩合を引き下げ、お金を借りやすい状況をつくることで乗り切ろうと考えた。当時の公定歩合の推移を見てみよう。図 1-5

太　1986年に2%下げて、1987年にさらに0.5%下げて、一番低いときは2.5%になったのね。で、一番低い状態が2年2カ月ぐらい続き、1989年からまた公定歩合を上げ始めたと。

■ 株と不動産の危険な高騰

モ　そう。こうやってお金を借りやすくした結果、お金の貸し出しが増え、それが株や不動産に流れていった。まずは、

図 1-5 バブル期の公定歩合は

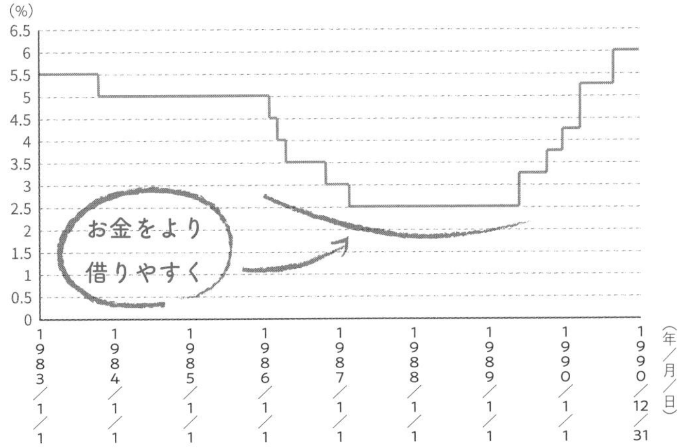

バブル期の公定歩合（1983-1990年）

土地公示価格[3]の推移を見てみよう。図 1-6

太　公定歩合を下げ始めた1986年から急激に土地の価格が上がってるね。

モ　そう。貸し出されたお金は**土地ころがし**に使われた。土地ころがしというのは、これから買おうとする土地を**担保**[4]にして、銀行等からお金を借り、値上がりしたらすぐに売る、という行為だ。これをみんなが繰り返したので、土地の値段がどんどん上がり、**一時は東京23区の土地の値段でアメリカ全土が買えると言われるほどになった**。次は、株。日経平均株価の推移を見てみよう。図 1-7

太　土地の価格の推移とほぼ同じグラフの形だね。ピークで4万円近くなっている。今と全然違う。

3　地価公示法にもとづいて、国土交通省の土地鑑定委員会が公示する土地の価格。
4　お金を返せなくなったときに備えて差し出す財産等のこと。

図 1-6　土地の価格が急激に高く!

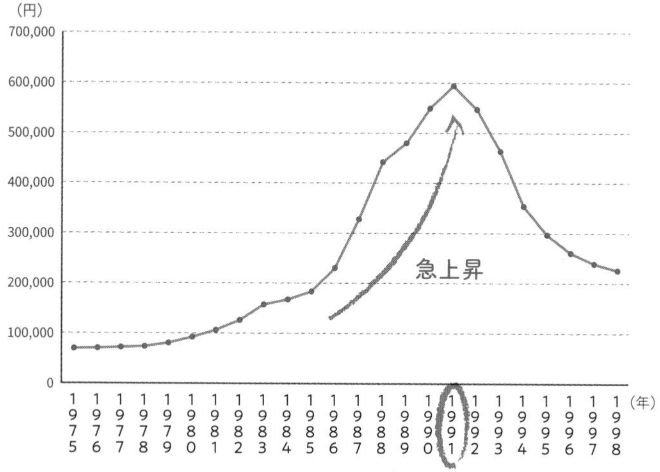

公示価格推移（1975-1998年）※全用途

図 1-7　株価のピークは土地代のピークの2年前

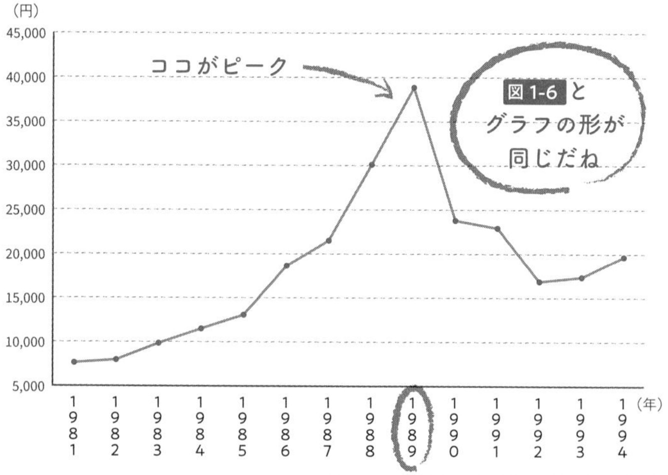

日経平均終値推移（1981-1994年）※年次

モ　うん。株価は1989年をピークに下降に転じたが、土地の値段は下がらず、1991年まで上がり続けたんだ。

太　そんなに土地の値段が上がったら、普通の人が買えなくなって困らないかな？

モ　そのとおりだ。普通の人が手の届かないような土地価格になってしまったので、日銀は1989年から今度は公定歩合を引き上げていき、1990年には、公定歩合を6%にした。さらに、大蔵省（現・財務省）は、1990年3月27日、各金融機関に対し、不動産業向け融資の伸び率を、総貸出の伸び率の範囲内に抑えるようにという行政指導を行った。つまり、土地購入のための貸出量を抑えようとした。**これらの施策の結果、土地の価格は急激に下がっていき、バブル景気は終わりを告げた。**

太　株も不動産も、みんな「価格が上がるだろう」という予測のもとにお金を借りて購入してたんだよね。いざとなったら売ってお金に換えれば返済にあてられると。でも、こうして価格が下がってしまったら、借金を返済できなくなるんじゃないかな。

モ　そう。**株価と不動産価格が暴落したせいで、貸したお金が返ってこない状況が発生してしまった。**銀行等の金融機関にとっては致命的だ。返済されなかったり、返済が遅れたりする債権のことを**不良債権**と言うんだが、バブル崩壊によってこの不良債権が大量に発生した。

　ただ、金融機関は、返済不能になって潰れそうな会社へお金を貸して延命させたり、子会社に損失を付け替えることによって、**不良債権問題が表面化しないように**した。そうやってその場しのぎをしていればいつか景気が回復し、お金をちゃんと返せる状態に戻ると思ったんだろうな。

ところが、そういうその場しのぎが限界を迎えたのが、1997年11月だった。この3日に準大手証券会社の三洋証券、同月17日に北海道拓殖銀行、その1週間後に四大証券会社の一角だった山一證券が次々と破綻していった。金融機関はお互いに借金をして資金を融通し合っているから、1つ潰れるだけでも大変なことになるんだけど、それが一気に3つも潰れてしまった。この混乱は翌1998年も続き、同年10月23日には日本長期信用銀行が、同年12月13日には日本債券信用銀行が破綻した。いずれも名門といわれる日本を代表するような銀行（金融機関）だった。それ以外にもたくさん破綻している。こうやって金融機関が次々に破綻してお金が回らなくなる状況を**金融危機**と言う。

■ 金融危機とともに経済停滞へ

モ　ここで、破綻した銀行数の推移を見てみよう。図1-8

太　1998年と1999年は2年連続で5行も破綻したのか。そして1990〜2003年の間に合計で20行も破綻したんだね。

モ　そう。これだけ潰れると、銀行がお金を貸し出す力は当然落ちる。国内銀行貸出金残高の推移を見てみよう。図1-9

太　バブル期の貸出金残高の伸びがすごいね。1985年は209兆円だったのに、1991年には436.7兆円まで伸びている。バ

図1-8 13年で20銀行が破綻した!

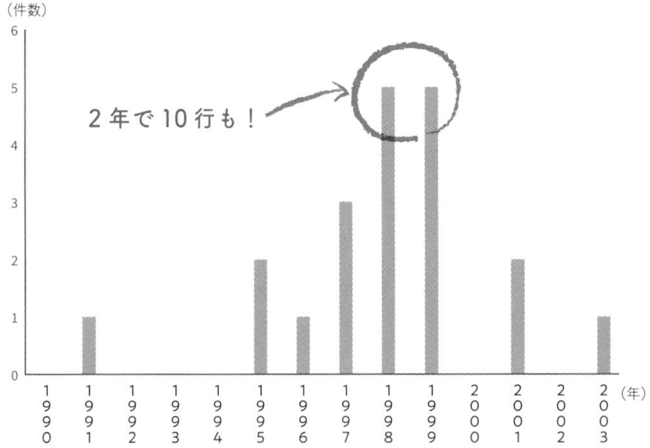

破綻銀行数（1990-2003年）

図1-9 銀行の貸出金のピークは1997年

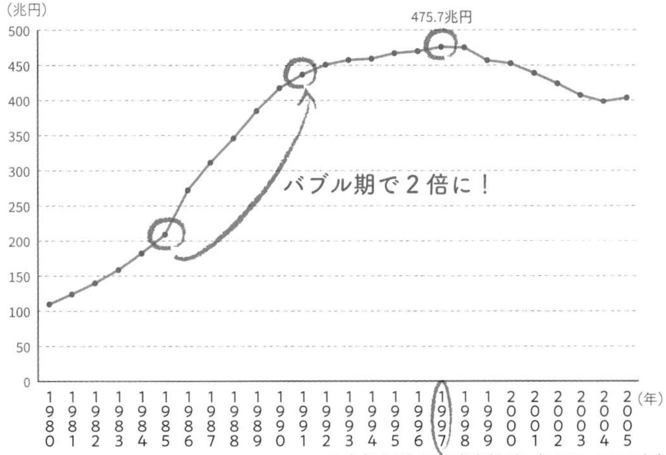

国内銀行貸出金残高推移（1980-2005年）

ブルの間に倍以上になったんだね。そこからしばらく横ばいになって、1997 年の 475.7 兆円がピーク。翌年の 1998 年から下落に転じているね。

モ　そう。この推移は名目 GDP の傾向と一致している。名目 GDP の推移を見てみよう。図1-10

太　本当だ。貸出金残高がピークを迎えた 1997 年に、名目 GDP も 543.5 兆円でいったんピークを迎え、そこから下がってるね。ずーっと停滞を続けて、1997 年をやっと超えたのが 2016 年の 544.4 兆円か。ピークを更新するのに 19 年もかかったんだね。

モ　うん。**そのピーク更新も実はあやしい**のだが、これにつ

図 1-10 名目GDPも1997年をピークに停滞…

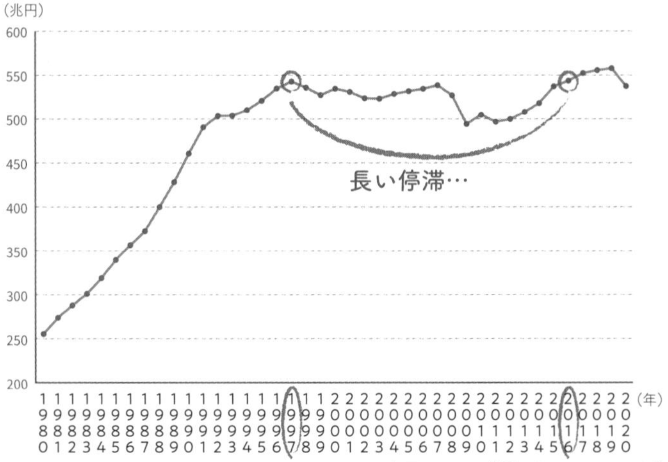

名目 GDP の推移（1980-2020年）

いては後で詳しく説明しよう。次に、1990年を100とした賃金と物価の推移を見てみよう。図1-11

図1-11　賃金と物価のピークも1997年…？

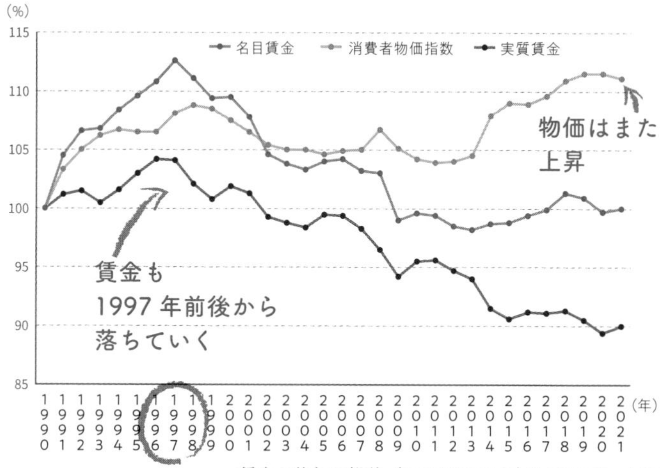

賃金と物価の推移（1990-2021年）※1990年＝100

太　名目賃金は1997年がピークで、そこから落ちていき、いまだにピークの数字には遠く及ばない。1997年をピークにして下落に転じた点は名目GDPの推移と一致しているね。実質賃金は1996年がピークで、名目賃金よりもひどい落ち方だ。他方、物価は1998年にいったんピークを迎えて、2015年にそれを超えている。ただ、17年間もピークを更新しなかったということか。そして、いずれの数字も1997年前後から下落が始まっている点は共通するね。

モ　そう。1997 年の金融危機が影響したことが、この推移からも読み取れるだろう。**ここでポイントなのは、90 年代初めにバブルが崩壊してすぐに名目 GDP が停滞したのではない**ということだ。バブル崩壊の後遺症で金融機関が破綻し始めた 1997 年より後に停滞が始まり、それがずっと尾を引き続けた。

太　金融機関がお金を貸すことによって経済が回っているから、その**金融機関の貸し出す機能がダメになると、経済全体がダメになる**ということかな。

モ　そう。それは失業率の推移を見ても分かる。図 1-12

太　バブル崩壊後から上昇基調になって、金融危機後に上昇

図 1-12 失業率も同じ年を起点に変化していた

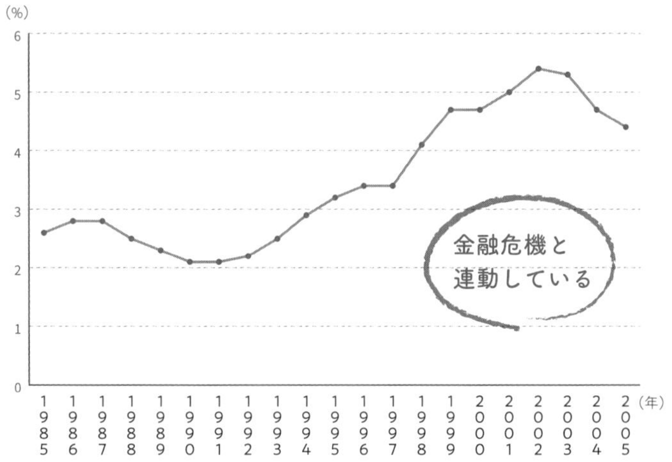

失業率推移（1985-2005年）

角度が急になっているね。

モ　そうだ。バブルというのは要するに「貸しすぎ」が招く事態と言ってよい。お金を貸しすぎるから、それが株や不動産に流れて、価格が上がりすぎてしまう。そして、いつか必ずバブルは弾ける。バブルが弾ければ、金融機関がお金を貸す機能が大きく落ちるから、経済は落ち込む。

　1997年から始まった金融危機で日本経済は大きなダメージを受けたが、2008年に起きたリーマン・ショック前まではだんだん回復してきていた。それがリーマン・ショックによって世界同時大不況になったから、また落ち込んでしまった。リーマン・ショックも、原因は日本のバブルと同じだ。要するに、お金の貸しすぎによって株や不動産の価格が本来あるべき水準より上がりすぎてしまい、それが暴落したので、貸したお金が返ってこなくなり、金融機関の破綻につながった。

　あらゆる時代、あらゆる国でこのような現象は起きている。**その理由はお金が生まれる仕組みを知るとより深く分かる**から、次はそれについて説明しよう。

■お金が増えていく仕組み

モ　まず、銀行等の金融機関がお金を貸し出すときに具体的に何をするか、考えてみよう。例えば君が銀行から1000万円を借りるとする。その場合、銀行は現金1000万円を君に直接手渡すのではなく、まず君にその銀行の口座を開設させる。そして、その口座に 1000 万円を入金したという記録をつくる。君の預金通帳には 1000 万円が入金されたという記録が記載される。簡単にいうと、「銀行が 1000 万円を貸す」ということは、「1000 万円の預金記録を新たにつくる」ということだ。つまり、銀行が貸せば貸すほど預金が増える。そして、**みんなが一気にお金を引き出すわけではないので、銀行は実際に保有しているお金よりも、たくさんのお金を貸すことが可能**であり、その分預金が増える。こうやって貸し付けによって預金が増えていく仕組みを**信用創造**と言う。太郎、君も何か支払いをするときに、銀行振り込みで済ませることがあるだろう？

太　うん。ネットで買い物して代金を振り込んだりとかね。あとはクレジットカードで使った分が口座から引き落とされたりとか。

モ　そのように、預金は通貨のような役割を果たすので、**預金通貨**とも呼ばれている。

太　銀行が無限に貸し出しすれば、無限に預金通貨が増えていくことにならないの？

モ　それは無理だね。借りたお金をみんながいっせいに引き出すわけではないが、かといっていつまでも全部預けているわけじゃないでしょ。現金として引き出したり、支払いなどのために他の銀行へ送金したりするだろう。例えば実際に持っているお金の 100 倍も貸し出してしまったら、引き出しや送金の要求に応じることができなくなり、銀行は破綻してしまう。

太　貸し出すにも限界があるということだね。

モ　そう。そして銀行が貸し出す大本のお金になるのが、日銀から供給される**マネタリーベース**だ。**これは、市中に出回っている日本銀行券（紙幣）、貨幣、そして日銀当座預金の合計**を指す。**日本銀行券**というのは、1万円札などのお札のことで、**貨幣**というのは、100円玉などの硬貨のこと。そして、**日銀当座預金**とは、銀行が日銀に預けているお金のことだ。

太　どういうときに日銀はマネタリーベースを供給するの？

モ　まず、**紙幣が発行されるのは、銀行等が日銀当座預金からお金を引き出すとき**だ。そして、その日銀当座預金が増えるのは、日銀が銀行等にお金を貸すか、または銀行等が持つ資産を買い上げるとき。現在は、銀行等の持っている**国債**を買い、その対価としてその銀行の日銀当座預金の口座残高を増やすのが基本になっている。国債というのは、国が発行する、国にお金を貸していることを証明する債券のことで、要するに国の借金のことだ。

太　つまり、何の対価もなくお金が発行されることはないということね。

モ　そう。**銀行が日銀に「発行してくれ」と頼めば発行してくれるわけじゃない。借りるか、または何かを売るかしないと、日銀からお金を得ることはできない。**

太　日銀が政府の国債を直接買った場合はどうなるの？

モ　政府が日銀に預けている**政府預金**（※政府預金はマネタリーベースに含まれない）の残高が増えるね。例えば10億円の公共工事を行うため、仮に政府が日銀に直接国債を買わせて、その対価に10億円を得たとしよう。公共工事をした会社に対する代金支払いは、民間銀行を通して行われる。具体的には、政府預金から民間銀行の日銀当座預金に10億円が入る。そして、民間銀行は、工事をした会社の預金残高を増やすことによって支払いを完了する。

太　そうなると、10億円分のマネタリーベースが増えるということだね。

モ　そう。それと同時に、後で説明する「マネーストック」も10億円増える。しかし、政府が日銀に直接国債を引き受けさせることは法律で禁じられている。それをやると政府の財政規律が緩み、日銀がお金を発行しすぎてしまうからだ。

太　お金を発行しすぎると何か都合が悪いの？

モ　お金の価値が下がって、インフレ（物価上昇）が止まらなくなるよ。こういうのは極端な例で考えると分かりやすいんだが、例えば国民1人当たり1億円を配ったとしよう。物の値段はどうなるかな。

太　上がるだろうね。みんなたくさんお金を持ってるから、値段を高くしても売れるでしょ。

モ　そうだよね。そして、**物の値段が上がるということは、お金の価値が下がるということ**だ。例えば、1缶100円のジュースが200円に値上がりしたとする。以前と比べて倍のお金を出さないとジュースを買えなくなってしまったのだから、お金の価値は半分になったということになる。

■物価が無限ループで上がっていく

太　要するに、**お金の価値が下がるのと、物価が上がるのは同じ**ということだね。

モ　そう。そして、物価が上がってしまうと、お金が足りなくなる。**今の日本の状況**をみればイメージしやすいでしょ。円安でどんどん物価が上がって、お金が足りない状況が生まれている。

太　足りないなら、お金を増やせばいいんじゃないの。

モ　でもお金を増やすと物価が上がるでしょ。

太　あ、そうか……。お金足りないからお金増やす→物価上がる→お金足りないからお金増やす→物価上がる→お金足りないからお金増やす→物価上がる→お金足りないからお金増やす→物価上がる……っていう無限ループが発生するのか。

モ　そう。過去にあらゆる国でそういう現象が起きて痛い目に遭ったから、どの国も、通貨を発行する中央銀行が政府から直接国債を購入することを原則として禁止しているんだ。

太　でも、**さっき日銀が銀行の国債を買い取って、その銀行の日銀当座預金を増やすって言ってたでしょ。それって結局、日銀が政府から直接国債を買っているのと同じじゃないの？**

モ　やりすぎるとそれと同じことになる。

　さて、ここで銀行同士のお金のやりとりの方法を説明しよう。例えばA銀行からB銀行へ100万円の送金をする場合、日銀は、A銀行の日銀当座預金の口座残高を100万円減らして、B銀行の日銀当座預金の口座残高を100万円増やす操作をする。これでA銀行からB銀行へ100万円送金したことになる。

太　**日銀当座預金を増減させて送金している**んだね。でも、銀行ってそういう銀行間送金をたくさんやっているわけでしょ。もし一時的に送金するための日銀当座預金が足りなくなったらどうするの？

モ　日銀からお金を借りるか、または他の銀行から借りることになるが、主に他の銀行から借りて対応している。お金の余っている銀行が、お金の足りない銀行へお金を貸すんだ。銀行同士はそうやって頻繁にお金の貸し借りをしている。そして、日銀当座預金の量が少なければそれだけ日銀当座預金が貴重になるから、お金を貸すときの金利も高くなる。他方、日銀当座預金の量が多ければ、日銀当座預金の希少性は低くなるから、金利も低くなる。

　こうやって**銀行間取引の金利が上下するのに合わせて、銀行が会社や個人にお金を貸し出すときの金利も上下する**。自分が借りたときよりは高い金利で貸す必要があるからね。

太　さっき、日銀は銀行等から国債を買って日銀当座預金の量を増やすって言ってたよね。逆に言えば、日銀が国債を売れば日銀当座預金の量は減るってことね。そうやって日銀当座預金の量が増減すれば、それに合わせて民間の金利も上下するってこと？

モ　そう。日銀が国債を買って銀行等の日銀当座預金の残高を増やすことを**「買いオペ」**、逆に国債を売って日銀当座預金の残高を減らすことを**「売りオペ」**と言う。**日銀は買いオペと売りオペをうまく使い分けることで、金利を操作している**。なお、バブルの話（p.20 〜）で触れたように、昔は日銀が民間銀行にお金を貸し出す際の金利（公定歩合）を上下させて民間の貸出金利を操作していた。

太郎、金利が10％のときと、１％のときだったら、どっちのときにお金を借りたいかな。

太　そりゃあ１％のときだね。返すときの負担が軽いから。

モ　そうだね。そのように、金利が低くなれば、普通は借りたい人が増えるから、貸し出しが増える。

太　貸し出しが増えれば、預金通貨が増えるんだよね。

■ マネーストックを意識してみよう

モ　そう。つまり、金利が下がると預金通貨の増加ペースが速くなる。逆に、金利を上げれば、預金通貨の増加ペースは落ちる。ここで１つ、知ってほしいワードがある。個人や会社が持っている現金・預金をすべて合わせたものを、**マネーストック**と言うんだ。これはつまり現実に世の中に出回っているお金で、物価にも影響を及ぼす。金利を下げるとマネーストックの増加ペースは上がる。すなわちお金の価値は下がるので、物価は上がる。

太　マネーストックが増えるのは、金融機関の貸し出しが増えて、民間の預金がその分増えるときだけなの？

モ　マネーストックには外貨預金も含まれるから、何か輸出して対価としてドルなどの外貨を得て、それを預金した場合も増える。あとは、政府が借金をして**財政支出**をした場合も増えるよ。具体的なお金の流れは、以下のようになる。

例えば、政府が10兆円分の国債を発行してそれを民間銀行に買ってもらい、10兆円の**財政支出**をする場合を想定しよう。財政支出というのは、要するに政府がお金を使うことだ。公共事業の代金を払ったりする場合などを指す。

まず、銀行が10兆円の国債を購入すると、その購入代金10兆円は銀行の日銀当座預金から政府預金に移る。そして、政府はこのお金を財政支出に使う。さっきも言ったとおり、政府がお金を使うときは銀行を通じて国民にお金が支払われる。つまり、政府が10兆円の財政支出をするときは、政府預金から銀行の日銀当座預金にお金がまた戻るかたちになる。そして、日銀当座預金が10兆円増えて、銀行は会社や個人の預金残高を増やすことで政府の支払いを完了させる。つまり、マネーストックが10兆円増える。

太　結局**10兆円が銀行の日銀当座預金から政府預金へ行って、また返ってきて、そしてマネーストックが10兆円増えるってこと**ね。なんか不思議。結果だけ見ると、マネタリーベースは変わらず、マネーストックだけ10兆円増えるということか。

モ　そう。そして、政府はこの10兆円に将来利息を付けて、銀行に返す義務を負う。つまり、10兆円＋利息の債務が政府に残る。これは将来的には国民の税金で返すことになる。つまり、返すときには国民から税金を取るから、マネーストックは将来の時点で減ることになる。

■借金するほどお金が増える？

モ　ただし、**国債ではなく、全部税金で10兆円の財政支出をする場合は、これとは異なってくるんだ**。まず、10兆円が国民から徴収される。つまりマネーストックが10兆円減る。そして、日銀当座預金から政府預金へ10兆円が移動し、財政支出でまた10兆円が戻ってきて、会社や個人の預金残高が合計で10兆円増える。
太　それ、お金がぐるっと一周して戻ってきただけだね。マネタリーベースもマネーストックも結果的には増減しない。
モ　そう。税金としてお金を集めて、それを配り直しているだけだ。だから、まったく借金をしない国家であれば、マネーストックが増えるのは、民間の貸し出しが増えるか、海外から外貨を獲得した場合などに限られるだろう。
太　簡単に言えば、民間か政府が借金をしないと、基本的にお金は増えていかないということね。借金でお金が増えていくって、なんだか不思議だね。
モ　そうだね。では具体的にマネタリーベースとマネーストックの関係をグラフで確認してみよう。マネーストックには色々な種類があるが、代表的なＭ《エム》３《スリー》という指標で見てみると……。図1-13

　この図の矢印で示した分が、信用創造によってつくられた通貨だ。これだけ借金で通貨量が膨らんだということだ。よ

図1-13 マネタリーベースとマネーストックの差

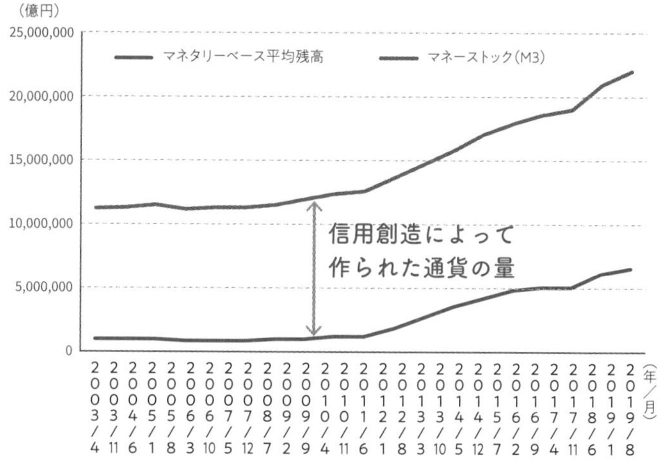

マネタリーベースとマネーストックの推移（2003-2019年）

り分かりやすいように、マネーストックをマネタリーベースで割ったグラフも見てみよう。図1-14

太　一番多いときで、マネタリーベースの12倍近くも通貨が生み出されているね。でも、**最近は急に落ちてきて、3倍を切っている**よ。これはなぜ？

モ　その理由はp.46〜で詳しく説明しよう。今確認しておきたいのは、このように借金で通貨が増えていく仕組みが**「貸しすぎてお金が増えすぎる」**という現象を必然的に生むことだ。「この相手にお金を貸しても返済されるだろう」という信頼関係によって貸し出しがなされるわけだが、信頼関係が過信となるとお金が増えすぎる。信頼が続いている間はいいが、それがいったん崩れると大変な事態になる。

図1-14 マネーストックをマネタリーベースで割ると…

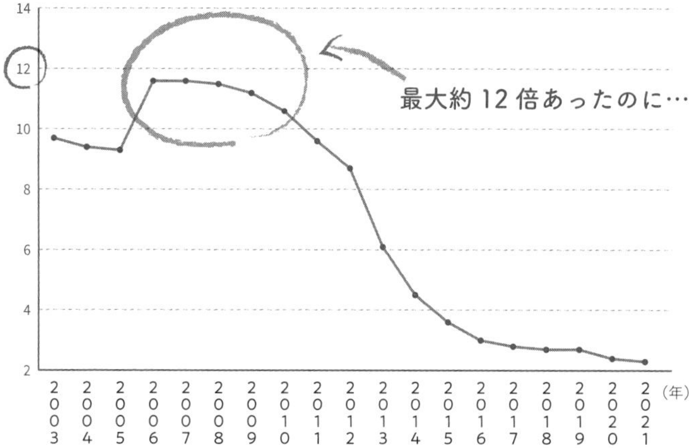

マネーストック／マネタリーベース（2003-2021年）

■ 銀行の破綻は連鎖する

モ　例えば、A銀行がB社に対し多額の貸し付けをしていたとしよう。しかし、B社の経営がうまくいかず、潰れてしまったとする。もしこのとき、君がA銀行にお金を預けていたら、君はどうする？

太　大口の貸付先が潰れたなら、A銀行の経営状態も悪くなるよね。そうなると、A銀行に預けているお金が大丈夫か不安になるから、預金を引き出して別の銀行に預けようと考えるかもしれない。

モ　そうだね。でも、みんながそう考えて引き出しに来ると、銀行としては大変だ。**図1-13**を見ても分かるとおり、銀

行は実際には預金量よりもはるかに少ないお金しか保有していないからね。最悪の場合、銀行は預金の引出要求に応じられなくなってしまう。

　そして、A銀行の大口融資先が潰れれば、他の銀行も不安になる。A銀行にお金を貸しても返ってこなくなる可能性が高まるからね。さっきも言ったとおり、銀行は銀行同士で日銀当座預金を介してお金の貸し借りをしているから、A銀行が他の銀行から信用されなくなることは致命傷だ。送金や引き出しのために一時的にお金が不足した場合に、他の銀行からお金を借りることができなくなる。こうして信用がなくなると、送金や引き出しに使うお金が不足し、A銀行は潰れてしまう。「貸しすぎ」は、最後にはこういう結果を招く。日本のバブル発生とその後の金融危機でもそうだった。

太　株や土地の値段が上がり続けるから、お金を貸しても値上がり益でちゃんと返済されるだろうという過信が生まれ、結局、お金が貸し出されすぎたんだね。そして株や土地の値段が暴落し、貸したお金が返ってこなくなった結果、金融機関が次々に破綻したと。

モ　そうだ。そのすべての発端となったのが、公定歩合を引き下げたことだった。結果から見ると、下げすぎたと言えるだろう。こうやって**金利を引き下げてお金の量を増やすことを金融緩和**という。これによって日本はものすごく痛い目に遭ったのに、後にまたそれを繰り返すことになる。それがアベノミクスだ。次はそれを詳しく説明しよう。

過去10年の経済政策の成果

2章

■アベノミクスで日本経済は再生した？

モ　アベノミクス[5]とは、**①大胆な金融政策**、**②機動的な財政政策**、**③民間投資を喚起する成長戦略**の「3本の矢」を柱とする経済政策のことだ。しかし、事実上は①の大胆な金融政策に尽きると言っていい。

大胆な金融政策というのは、日銀が民間銀行等から大量に国債を購入し、お金を大量供給することだ。「異次元の金融緩和」とも言われている。ピーク時において、年80兆円のペースでマネタリーベースが増加するよう国債の買い入れをしてきた。

さっきも言ったとおり（p.36）、日銀は民間銀行との間で国債を売買することにより、マネタリーベースを調整し、それを利用して金利を上げ下げしている。マネタリーベースが増えれば、お金の希少価値が下がり、金利も下がる。逆にマネタリーベースが減れば、お金の希少価値が上がり、金利も上がる。

太　金利が下がれば、借金しやすくなる。借金が増えるということは、預金通貨が増えるということだよね。逆に、金利が上がれば、借金がしにくくなって預金通貨の増える速度が落ちる。

モ　そう。そして、預金通貨が増えるということはみんなの持っているお金が増えるということだから、物価が上がりやすくなる。逆に、預金通貨が増えなければ、みんなの持っているお金が増えず、物価は上がりにくくなる。

5　2012年12月に第2次内閣を発足させた自民党の安倍晋三が掲げた経済政策。

太郎、例えば君が1000万円を銀行から借りて何か商売を始めたとしよう。翌年、物価が2倍になっていたら、君の借金の負担はどうなるかな。

太　物価が2倍になれば、単純に考えて僕が売る商品の値段も倍になるから、返済は楽になるんじゃないかな。

モ　そうだ。**物価が上がれば借金の返済は楽になる。例えば、物価が10%上がれば、実質的に言って金利が10%下がるのと同じ**だ。このように、物価を考慮した金利のことを**実質金利**という。実質金利の計算式は次のとおりだ。

実質金利＝名目金利−予想物価上昇率

なお、**名目金利**というのは見たままの金利のことだ。

太　じゃあ名目金利が2%で、予想物価上昇率が3%だったら、実質金利はマイナス1%になるということだね。返すときには実質的に1%返済額が減るということだな。

モ　そう。日本はバブル崩壊と、その後に生じた金融危機の影響を受けてずっと景気が悪い状態だった。そこで借金をしやすくし、世の中に出回るお金の量を増やして景気を良くしようとしてどんどん金利を下げていって、ほとんどゼロに近い状態にしてしまい、それ以上下げられなくなった。ところが「大規模な金融緩和をして予想物価上昇率を上げれば、実質金利はマイナスにまで下げられる」と提唱する人たちが現れた。このように、**積極的な金融緩和をして物価を上げていけば景気が良くなると提唱する人たちは「リフレ派」と呼ばれている**。「リフレ」というのは「リフレーション（再膨張）」の略だ。

太　ちょっと考えるとおかしい気がするね。貸す方だって、物価が上昇するって予想したら、名目金利を上げて、実質金利がマイナスにならないようにすると思うんだけど。新規貸し出しの実質金利がずっとマイナスになることはないでしょ。

モ　そのとおりだ。だから、この発想は根本的に間違っていると言えるんだが、とにかく開始された。**世界中が驚くような異次元の規模**でね。日銀は当初「2年で前年比2%の物価上昇を目指す」と宣言していた。注意すべきなのは**「開始から2%」じゃなくて「前年比2%」が目標**ということだ。つまり、毎年2%ずつ、前年より物価が上がっていくことをねらっていた。

ねらいどおりいけば、次の2つの現象が起きると考えられていた。

①実質金利がマイナスになるので、お金を借りやすくなり、世の中にお金が大量に行き渡る。そうすると景気が良くなる。

②物の値段が上がる前にみんな買おうとするので、消費も活性化する。

こうした目論見どおり物価が上昇して消費も活性化すれば、経済成長できて、国の借金負担も軽くなると考えられていたんだ。

太　バブルのときは名目金利を下げる余地があったから、名目金利を下げたんだよね。**今度は名目金利を下げる余地がもうないけど、実質金利なら下げることができるから、それを**

下げようとしたんだね。名目と実質に違いがあるだけで、「金利を下げる」という発想はバブルのときと同じだね。

モ　そのとおりだ。かつて痛い目に遭ったのにまた同じことを繰り返したと言える。こうやって金融緩和をすることはアメリカなどもやっているが、日本のそれはアメリカとは比べものにならない。マネタリーベース（MB）の対名目 GDP 比を見てみよう。図 2-1

図 2-1　金融緩和の異次元レベルは?

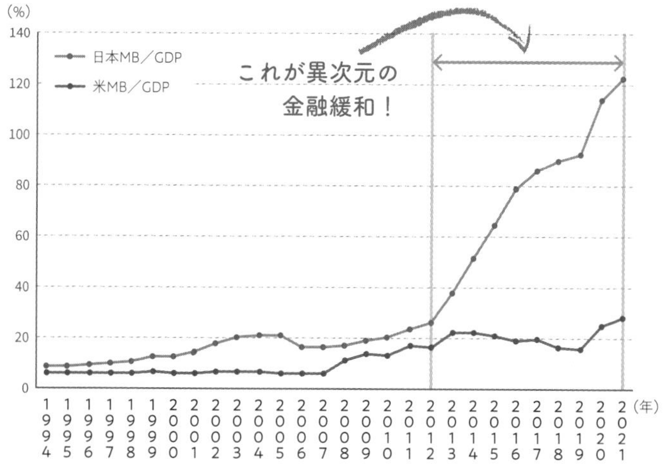

日米 MB 対名目 GDP 比（1994-2021年）

太　全然比較にならないね。日本はコロナ禍前の 2019 年の時点で 92.4%、コロナ禍の 2021 年は 122.4% か。GDP よりもマネタリーベースの方が多いということだね。他方、アメリカはコロナ禍前の 2019 年は 16%、2021 年は 27.9% か。と

ころで、なんでGDP比で見るの？

モ　日本とアメリカとでは全然経済規模が違うからさ。経済規模の違う国同士の数字を比較するときは、GDP比で見ないといけない。例えば、身長1メートルの人と身長2メートルの人の体重をそのまま比較してもどちらが太っているか分からないだろう。身長に対する体重の比率を見てみれば、どちらが太っているかが分かる。それと同じことだ。

太　なるほど。それで日本は、こんなに極端なことをやって、結果はどうなったの？

モ　**壮大な空振り**に終わった。マネタリーベースとマネーストックの推移を見てみよう。なお、マネタリーベースとマネーストックとは金額に差があり、そのまま比較してもよく分からないから、アベノミクス前の2012年を100とした指数で見てみるよ。**図 2-2**

モ　2020年以降はコロナ禍の影響が入ってしまうので、2019年までの数字で見てみると、マネタリーベースは約4倍になった一方、マネーストックは21.2％しか増えなかった。

太　**マネーストックの傾きはアベノミクス以前とほとんど変わってない**ね。これは貸し出しがあんまり増えなかったということだね。

モ　そうだ。すでに説明したとおり、銀行がお金を貸せば貸すほど、その分預金通貨が増えて、マネーストックが増大していく。つまり、**「お金を借りたい」という需要がそもそもなければマネーストックは増えない**。そして、この異次元の

図2-2 ひと目で分かる金融緩和政策の空振り

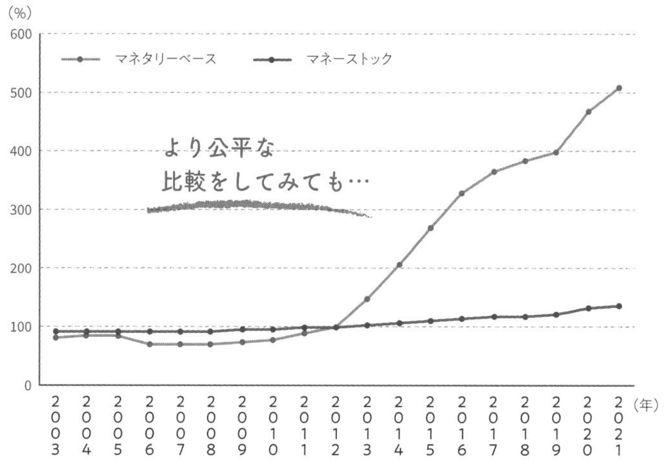

マネタリーベースとマネーストック（2003-2021年）※2012年＝100

金融緩和実行前の段階において、金利をほぼゼロにしても貸し出しが伸びていなかったということは、結局「お金を借りたい」という需要がなかったということだ。需要のないところへ、マネタリーベースという「お金の素」をいくら増やしても、貸し出しが増えるわけがない。人気のない商品の在庫を無理やり増やしたようなものだ。

■ シナリオから外れた物価上昇

太　じゃあ物価は結局上がらなかったんだね。

モ　いや、マネーストック増による物価上昇は起きなかったと言えるが、**増税と円安による物価上昇は起きた**。グラフで

確認してみよう。図 2-3

図 2-3 物価上昇は確かに起こっていた

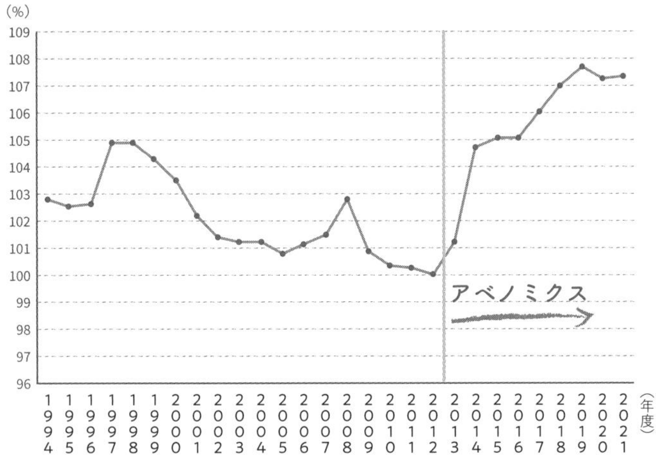

消費者物価指数（1994-2021年）※持ち家の帰属家賃を除く　2012年度＝100

太　アベノミクス開始前と比べると、コロナ禍前の 2019 年度までに 7.6％物価が上昇しているね。まるで壁のような上がり方。

モ　そうだ。日銀の「前年比 2％の物価上昇」という目標が達成されていないという報道が盛んにされているせいで、「物価は上がっていない」と勘違いしている人が多いけど、そうではない。7 年間でこんなに上昇した。これには**消費税増税**と**円安**が影響している。

　まず、増税について、2014 年 4 月に 3％、2019 年 10 月に 2％消費税率が上がったけど、それだけでは、これほど上昇しない。家賃などの消費税非課税のものも物価に含まれるし、軽減税率も制度化されたから、上昇した消費税率分がそのまま全部、物価の上昇に反映されるわけではないからね。

なお、2014年4月の3%増税のとき、日銀は、これによる物価上昇率を2%と試算していた。つまり、増えた消費税率の3分の2ほどが物価に転嫁されると考えたのだろう。

その後、2019年10月に2%増税されて、合計5%消費税率が上がっている。上がった税率の3分の2が物価に転嫁されるという日銀の考えをそのまま単純にあてはめると、2度の消費税増税によって約3.3%物価が上昇したことになるだろう。ただ、これはあくまでも簡易的な計算だ。とくに2019年度の増税は年度の途中の10月に実施されたから、年度の最初に増税された2014年度よりも物価上昇への影響は小さくなる。軽減税率もあるしね。

太　まあとりあえず、その大雑把な計算を前提に考えてみるとして……。2019年度までに物価は7.6%上昇しているから、増税による影響分の3.3%を引くと、4.3%残るね。これが円安の影響ということかな。

モ　そうだ。異次元の金融緩和により、「円が安くなる」と思った投資家が円売りに走ったことで、アベノミクス以降、円安が進んだ。普通は通貨の供給量を増やせばその通貨の価値は下がるから、投資家たちが円安を予想したのは当然だろう。

異次元の金融緩和前は1ドル80円程度だったのが、コロナ禍前のピーク時で1ドル120円を超えた。これは円の価値がドルに対して約３分の２になってしまったことを意味する。これだけ円が安くなれば、輸入する物の値段が高くなり、物価は上がる。

ただ、ここで見逃してはならないのは、**原油価格の下落の影響**だ。2014～2015年にかけて、原油価格が暴落した。**原油は輸送燃料に使われるほか、様々な商品の原材料になるから、原油価格の暴落は物価の下落につながる。原油価格の下落があったから、物価の上昇もある程度抑え込まれた**。まずは為替相場の推移を確認してみよう。図2-4

図2-4 金融緩和で円安が進む

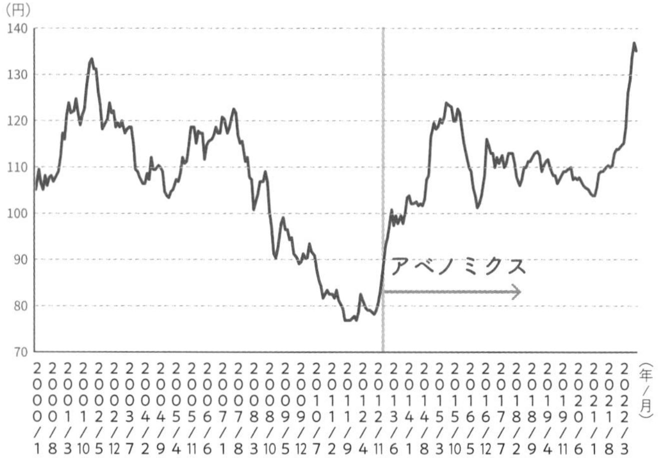

東京市場 ドル・円　スポット17時時点／月中平均（2000-2022年）

太　アベノミクスが開始される少し前から、もう円安が始まっていたんだね。

モ　これは、2012年12月の総選挙において、当時自民党総裁だった安倍氏が、政権獲得後に大胆な金融緩和を行うことを宣言していたからだろう。自民党が勝つことは確実視されていたから、金融緩和で円が下がることを見越した投資家が先に円を売りに走ったと考えられる。そして、2014年10月頃から一段と円安が進行したが、これは日銀が金融緩和の規模を拡大することを宣言したからだ。そして2015年には1ドル120円台にまで円安が進んだ。

次は原油価格の推移を見てみよう。図2-5

図2-5 原油価格の暴落がたまたま円安に重なった

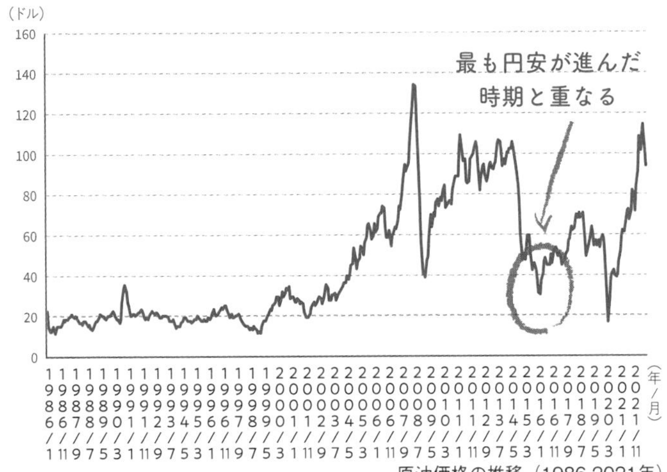

原油価格の推移（1986-2021年）

太　2014年の途中から2015年にかけて、それまでの半分以上までに価格が暴落しているね。円安の進行とは真逆だ。

モ　そのとおりだ。最も円安が進んだ時期と、原油が暴落した時期がたまたま重なった。だから、本来は円安によってもっと上昇するはずだった物価が抑え込まれたんだ。この原油の暴落という偶然がなければもっと物価は上昇していただろう。その後、為替相場はいったん2016年に円高に戻ったので、物価は上がらなかった。アベノミクス開始以降、2019年度までの時点で、物価が前年度を上回らなかったのは2016年度だけだ。そして、2017年度以降は、また円安基調になると同時に、原油価格も元に戻り始めたので、物価も再び上昇基調になった。

■それで、賃金は上がったの？

太　まとめると、消費税増税と為替相場、及び原油価格が消費者物価指数の動向を決めているということだね。物価が上がってきたことは分かったけど、僕が一番気になる**賃金はどうなった**の？

モ　名目賃金、実質賃金と消費者物価指数を並べたグラフを見てみよう。なお、2020年度以降はコロナ禍の影響が入ってしまうので、2019年度までの数字で確認する。図 2-6

太　物価はアベノミクス以降の7年間で7.6％も上がったけど、名目賃金は2.8％しか上がってないから、**結局、実質賃金は4.4％も落ちた**のか。

図2-6 物価に対して賃金は上がらなかった

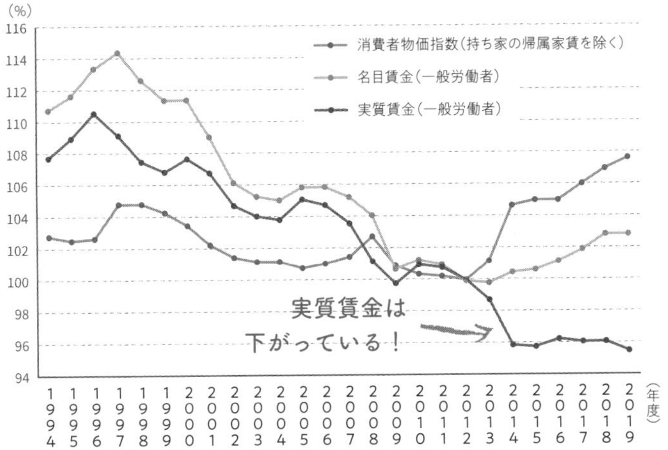

名目賃金・実質賃金・消費者物価指数（1994-2019年）※2012年度＝100

モ　そうだ。物価の上昇が名目賃金の上昇を大きく上回ったから、実質賃金が落ちたんだ。

太　「実質賃金が下がったのは、低賃金の非正規雇用が増えて全体の平均値が下がったからだ」っていうのを聞いたことがあるけど。

モ　それは間違いだ。平均値の問題だったら、名目賃金も下がっていなければならないけど、そうはなっていない。それだけでももう間違いだと言えるんだけど、念のため、正規雇用が大半を占める一般労働者（フルタイム労働者）の名目・実質賃金の推移も確認しておこう。図2-7

太　全体平均よりは名目賃金が上昇しているけど（5.7%）、それでもやっぱり物価の上昇が上回っているから、結局、こ

図 2-7 正規雇用者だけを見ても実質賃金は…

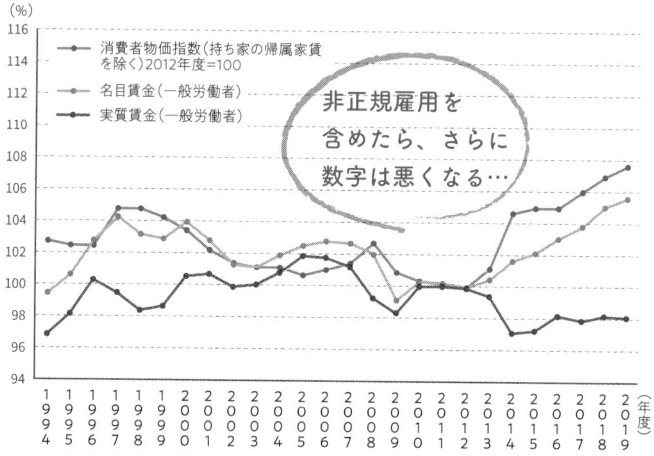

一般労働者の名目・実質賃金と消費者物価指数(1994-2019年)※2012年度=100

ちらも実質賃金は7年間で1.8%落ちているね。一般労働者だけを抽出してもこれだから、「非正規雇用が増えたから実質賃金が下がった」というのはデマだね。

モ そう。難しく考える必要はない。もう一度言うが、単に物価の上昇が名目賃金の上昇を上回ったから、実質賃金が下がった、というだけだ。ここで、比較として、高度経済成長期（1960年代前後）の賃金と物価の推移を見てみよう。賃金については総合的な数値がないので、当時の代表的な産業である製造業で見ることにする。**図 2-8**

太 1973年時点で物価は高度経済成長が始まる前の1954年の2倍以上になっているけど、名目賃金は7倍以上になっているから、**実質賃金は3倍以上**になっているね。これなら、みん

図2-8 高度経済成長期は賃金も上がっていた

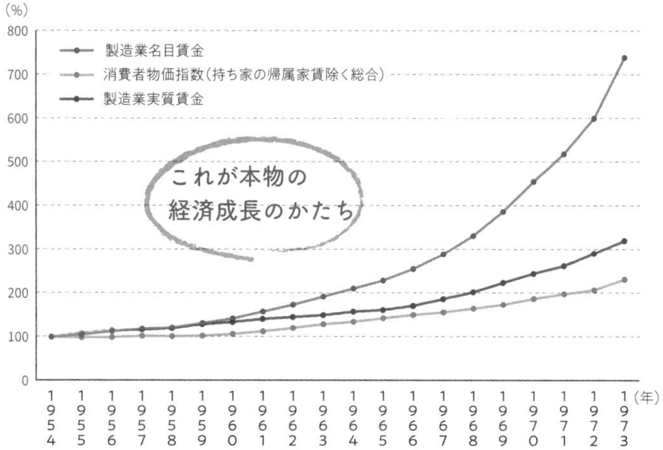

高度経済成長期の名目賃金・実質賃金（製造業）、消費者物価指数
（1954-1973年）※1954年＝100

なも豊かになったことを実感できただろうね。

モ　そうだ。本物の経済成長をしているときは、まずは名目賃金が上がり、それが物価を引っ張り上げるんだ。だから実質賃金も上昇し、暮らしが楽になる。アベノミクスで起きたことはその逆だ。まず先に物価の方が大きく上がってしまい、名目賃金がまったく追いつかなかったから、実質賃金が大きく下がった。

太　実質賃金が大きく下がった結果どうなったの？

モ　消費が冷え込んだ。実質GDPの約5割以上を占める**実質家計最終消費支出**の推移を見てみよう。なお、**アベノミクス後、GDPは2度も改定されている**が、とくに1度目の改定で数字がアベノミクス後のみ大きくかさ上げされてしまって信用できないものになってしまった。それについては後で説明するので（p.62）、まずは改定前の値で見ることにする。なお改定前の値は2015年度までしかない。図2-9

図2-9 最大の家計打撃はリーマン・ショックじゃなかった!

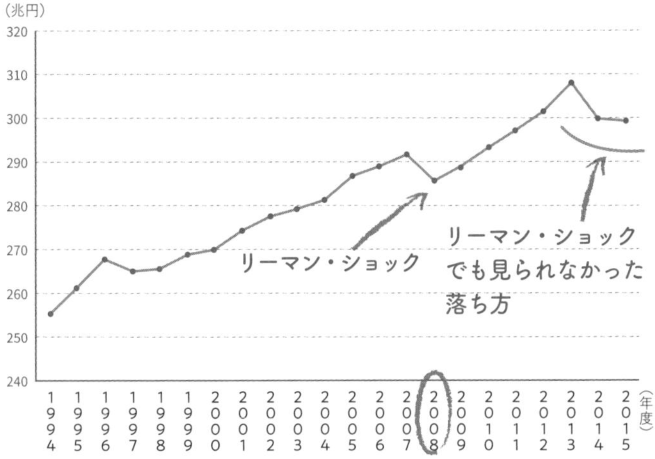

実質家計最終消費支出（1994-2015年）

太　2014年度から2015年度にかけて、2年度連続で落ちているね。

モ　そうだ。この**2年度連続で落ちるという現象は戦後初**だ。さらに、**2014年度の前年度からの下落率（2.8%）は、リーマン・ショックの影響を受けた2008年度の下落率（2.0%）をも上回っている**。次は実質GDPの推移を見てみよう。図2-10

図2-10「2年間まったく成長できなかった」の図

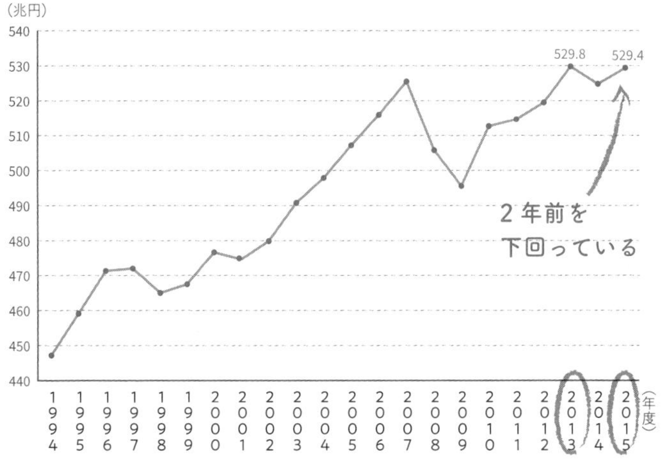

実質GDP（1994-2015年）

太　こちらは2年度連続では落ちていないけど、2015年度の数値が2013年度を下回っているね。

モ　そうだ。このように「2年度前を下回る」という現象は、2015年度以前の22年度で5回しか起きていない。**2年間全然成長できなかった**、ということだ。家計消費の落ち込みがここに直結している。家計が苦しい状況に置かれたことは、世帯消費動向指数を見ても分かる。図2-11

太　アベノミクス以降だと、2013年にちょっと上がって、あとはすごい勢いで落ちてるね。とくに実質の値の落ち方がひどい。2019年にようやく下落が止まったけど、そのあとはコロナ禍の影響でまた落ちたね。アベノミクス前から下落傾向ではあったけど、アベノミクスでそれに拍車がかかって

図 2-11 家計の冷え込みは加速している

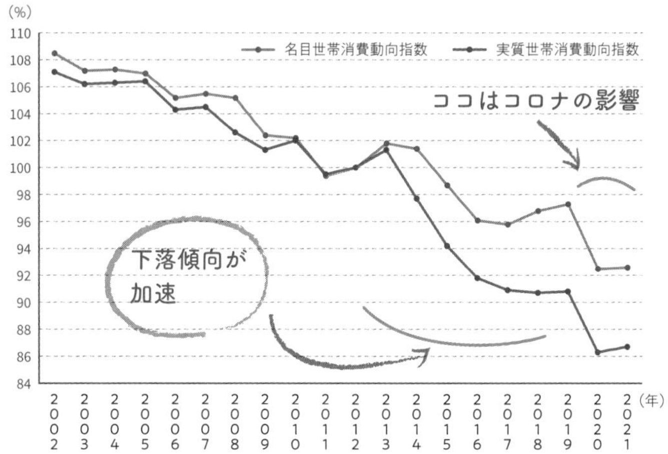

名目・実質世帯消費動向指数（2002-2021年）※2012 年＝100

いる。

モ　2013 年に少し上がったのは消費税増税前の駆け込み需要が影響しているのだろう。さて次は**エンゲル係数**と、食料価格の推移を見てみよう。エンゲル係数とは、消費支出に占める飲食費の割合のことだ。これが高くなるほど、食べていくのがやっとという状態に近づくので、生活が苦しくなっていることを示す。**図2-12**

太　食料価格とエンゲル係数の傾向がほぼ一致しているね。給料が上がらないのに食費だけ上がったら、こうなるのは当然か。それにしても、食料価格だけ見ると、2019 年の時点でアベノミクス以前より 11.5% も上昇していたんだ。ところで、**エンゲル係数を見ると、2017 ～ 2019 年の横ばいの動**

図2-12 食べることさえ苦しくなっていく

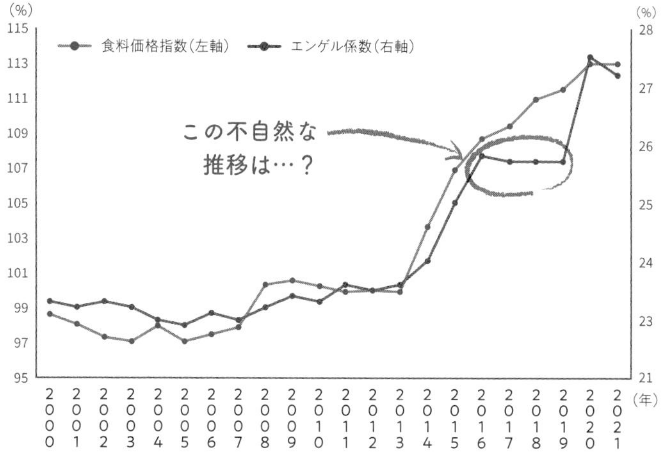

食料価格とエンゲル係数（2000-2021年）※食料価格 2012年＝100

きって、なんか不自然な気が……？

モ　2018年から、家計調査における「家計簿」の様式を変更したことが影響しているんじゃないかな。例えば、ポイントを利用して商品を安く購入した場合、支出欄には、実際の支出額ではなく、ポイント利用分を合わせた金額を記入するといった変更が行われた。つまり、支出額が以前より大きくなるということだ。エンゲル係数は支出全体に占める食費の割合だから、分母（支出）が大きくなれば、その分低い数値が出ることになる。

太　へー。なんだかせこいね。

モ　そうだね。でも、こうした“せこい”修正は、GDPの算出においても行われているんだ。アベノミクスの失敗を端的にまとめれば「賃金が上がらないまま物価だけが上がってしまい、消費が冷え込んだ」ということになる。この失敗を覆い隠すためなのか、2016年にGDPの算出方法が大きく改定されて、それまでとは全然違う数字になってしまった。次からは、それについて見てみよう。

■“せこい”統計操作を見抜いていく

モ　2016年12月8日、**内閣府はGDPの算出方法を変更し、それに伴い、1994年度以降のGDPをすべて改定して公表した**。内閣府による改定の要点をまとめると次のとおり。

1．基準年を平成17年から平成23年に変更
2．算出基準を1993SNAから2008SNAに変更
3．その他もろもろを変更
4．1994年まで遡って全部改定

ここで1つめの「基準年」について説明しよう。まず、GDPには「実質」と「名目」があるのだけど、実質GDPというのは、名目GDPから物価の変動による影響を取り除いたものだ。物価変動の影響を取り除くためには、「変動」を見るときの基準とする年を定める必要がある。基準年は、これ以前は平成17（2005）年だったが、平成23年に変更された。だから**旧基準は「平成17年基準」、新基準は「平成23年基準」と言われている**。この基準年は、あくまで基準とする年のことで、算出方法を改定した年ということではないので、混同しないように気をつけよう。また、この基準年の変更と同時に、5年ごとに作成される**産業連関表**[6]への対応も行われる。

次に、2つめの、算出基準について。2008SNA（国民経済計算）というのは、国際的なGDP算出基準のことだ。日本はそれまで1993SNAという基準で算出していたが、これを最新の2008SNAに変更した。以前の基準との違いは、研究開発費などがGDPに加わることだ。これによって大きくGDPがかさ上げされる。平成23（2011）年でいうと、**だいたい20兆円ぐらいかさ上げされる**んだ。

だが、最も大事なのは、3つめの「その他もろもろ」も変更されているという点だ。つまり、数字のかさ上げには、2008SNA以外のものも加わるということになる。ここは一番大事なところだからよく覚えておいて。

さて、それでは、改定前の「平成17年基準」GDPと、改定後の「平成23年基準」GDPを比較していこうと思う。まずは「平成17年基準」で名目GDPの推移を見てみよう。なお、「平成17年基準」の数値は2015年度までのものしか公表されていない。図2-13

モ　ポイントは、「平成17年基準」だと、史上最高額のGDPを記録した1997年度と最後の2015年度との差額が20.7兆円もあるということだ。しかし、改定によってこれがまったく変わってしまった。確認してみよう。図2-14

太　「平成23年基準」では2015年度と1997年度がほぼ同じ値になってる！　**改定前は20.7兆円も差があったのに**。

モ　そう。差が0.9兆円しかなくなっている。改定前は、

6　一定期間（通常1年間）において、財・サービスが各産業部門間でどのように生産され、販売されたかについて、行列（マトリックス）の形で一覧表に取りまとめたもの。

図 2-13 改定前の基準でGDPの推移を見ると

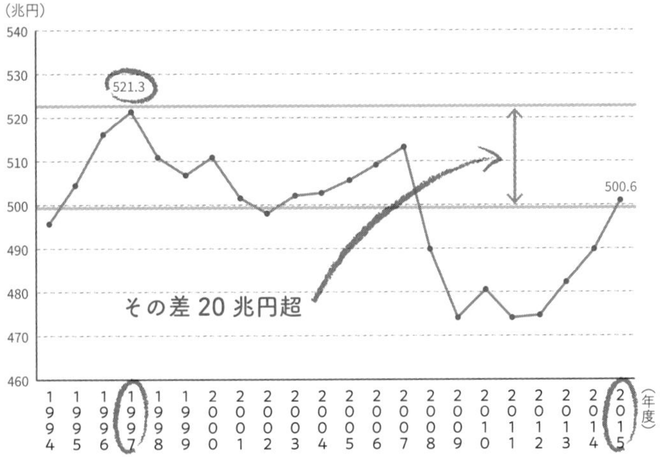

「平成 17 年基準」名目 GDP（1994-2015年）

図 2-14 20兆円の差が消えてしまった!

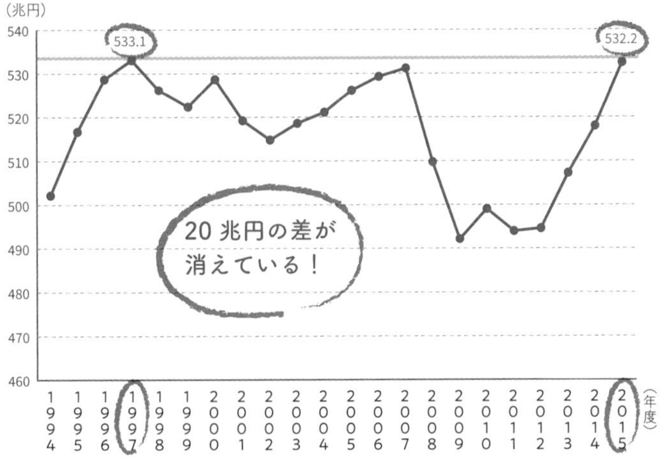

「平成 23 年基準」名目 GDP（1994-2015年）

2015年度の数字は過去22年度中、13番目だった。それが一気に2番目に急上昇している。なんでこんなことになるのか、各年度における「平成17年基準」と「平成23年基準」の差額を抜き出してみよう。この差額分だけ、改定によってGDPがかさ上げされたということだ。図2-15

図2-15 基準変更による差だけを抜き出してみる

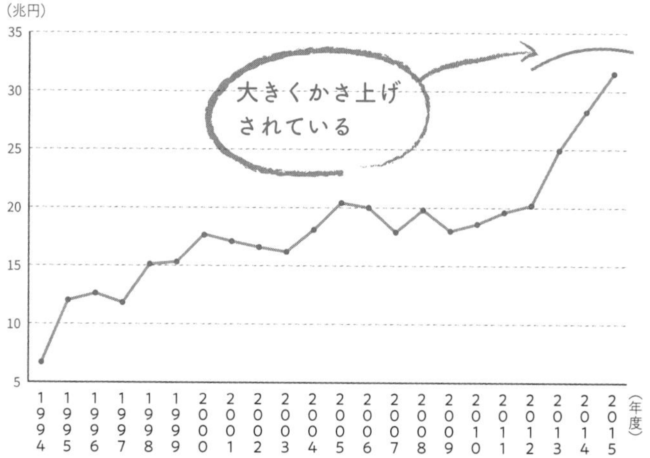

「平成17年基準」と「平成23年基準」のGDP差額（1994-2015年）

太　アベノミクス以降の年度は、かさ上げ額が急上昇しているね。2015年度は31.6兆円もかさ上げされている。一番かさ上げ額の低い1994年度（6.8兆円）の4.6倍くらいだ。**同じ基準で改定しているはずなのに、おかしくない？**

モ　おかしいと思うよね。では、そのからくりを探るために、内閣府が公表しているかさ上げの内訳を見てみよう。

図2-16

図2-16 同じ要因で改定幅に差が出るのはなぜ？

（兆円）

この2つを分けて考えてみよう

年度（平成）	6年 1994	7年 1995	8年 1996	9年 1997	10年 1998	11年 1999	12年 2000	13年 2001	14年 2002	15年 2003	16年 2004
名目GDP（平成23年基準）	502.4	516.7	528.7	533.1	526.1	522	528.6	518.9	514.7	518.2	521
名目GDP（平成17年基準）	495.6	504.6	515.9	521.3	510.9	506.6	510.8	501.7	498	501.9	502.8
改定幅	6.8	12.1	12.7	11.9	15.2	15.4	17.8	17.2	16.7	16.3	18.2
2008SNA対応	**14.6**	**15.1**	**16**	**16.9**	**17.1**	**17**	**17.3**	**17.4**	**17.9**	**18.1**	**18.6**
研究・開発（R&D）資本化	13	13.5	14.2	14.9	15.2	15.1	15.3	15.4	15.6	15.7	16
市場生産者分	10.7	11.1	11.7	12.3	12.5	12.2	12.3	12.4	12.5	12.6	12.8
非市場生産者分	2.3	2.4	2.5	2.6	2.8	2.8	2.9	3	3.1	3.2	3.2
特許等サービスの扱いの変更	-0.3	-0.3	-0.1	0.1	0	0.1	0.2	0.2	0.4	0.5	0.7
防衛装備品の資本化	0.6	0.6	0.6	0.6	0.6	0.6	0.6	0.6	0.6	0.6	0.6
所有権移転費用の取扱い精緻化	1.1	1	1	1.1	1.1	1.1	1	1.1	1.1	1.1	1.1
中央銀行の産出額の明確化	0.2	0.2	0.2	0.2	0.2	0.2	0.2	0.2	0.2	0.2	0.2
その他	**-7.8**	**-3**	**-3.3**	**-5**	**-1.9**	**-1.6**	**0.5**	**-0.2**	**-1.2**	**-1.8**	**-0.3**

年度（平成）	17年 2005	18年 2006	19年 2007	20年 2008	21年 2009	22年 2010	23年 2011	24年 2012	25年 2013	26年 2014	27年 2015
名目GDP（平成23年基準）	525.8	529.3	531	509.4	492.1	499.2	493.9	494.7	507.4	517.9	532.2
名目GDP（平成17年基準）	505.3	509.1	513	489.5	474	480.5	474.2	474.4	482.4	489.6	500.6
改定幅	20.5	20.1	18	19.9	18.1	18.7	19.7	20.3	25	28.3	31.6
2008SNA対応	**19.8**	**20.7**	**21.4**	**21.1**	**19.2**	**19.4**	**19.8**	**19.6**	**21**	**23**	**24.1**
研究・開発（R&D）資本化	16.9	17.7	18.3	18.1	16.4	16.4	16.6	16.6	17.3	18.5	19.2
市場生産者分	13.6	14.3	14.9	14.7	13.1	13.1	13.3	13.3	14	15.1	15.8
非市場生産者分	3.3	3.3	3.4	3.4	3.3	3.3	3.3	3.3	3.3	3.4	3.4
特許等サービスの扱いの変更	0.9	1.1	1.3	1.2	1.1	1.3	1.5	1.4	2.1	2.8	3.1
防衛装備品の資本化	0.6	0.6	0.6	0.6	0.6	0.6	0.6	0.6	0.6	0.6	0.6
所有権移転費用の取扱い精緻化	1.1	1.1	1	1	0.9	0.9	0.9	0.8	0.8	1	0.9
中央銀行の産出額の明確化	0.2	0.2	0.2	0.2	0.2	0.2	0.2	0.2	0.2	0.2	0.2
その他	**0.7**	**-0.6**	**-3.4**	**-1.2**	**-1.1**	**-0.8**	**-0.1**	**0.6**	**4**	**5.3**	**7.5**

名目 GDP（実額）の改定要因について

モ　このGDP改定要因は、①2008SNA対応部分と、②「その他」の大きく2つに分けられる。まず、①の2008SNA対応部分のかさ上げ額について見てみよう。図2-17

太　アベノミクス以降のかさ上げ額が急に増えているね。とくに2015年度なんて1994年度と比較すると**10兆円近く差**

図 2-17　2008SNAによるかさ上げ額

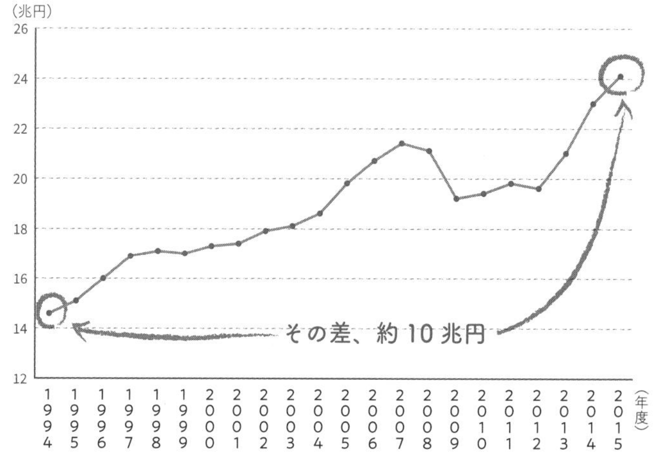

2008SNA によるかさ上げ額（1994-2015年）

がついているよ。どの年度も改定された要因は同じなのに、変じゃない？

■ 見れば見るほど不自然な「その他」

モ　そう思うだろう。でも②の「その他」を見ると、そちらは①とは比較にならないくらい不自然なんだ。図2-18

太　アベノミクス以降だけ大きくプラスになっていて、それ以外の年度はほぼ全部マイナスか、プラスであっても１兆円にも満たない。あまりにも差があるし、都合がよすぎる。

モ　そう。アベノミクス以降の「その他」によるかさ上げ額の平均値は 5.6 兆円。一方で、1990 年代はすべてマイナス

図 2-18「その他」ではかさ下げまで起きていた

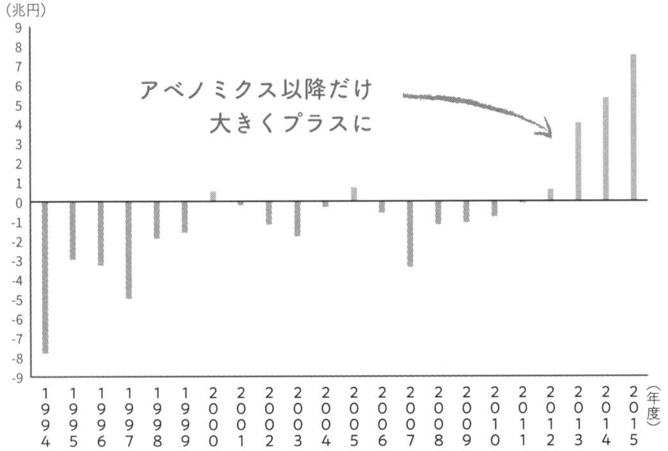

「その他」のかさ上げ額（1994-2015年）

で、その平均値はマイナス約 3.8 兆円だ。とくに 1997 年度と 2015 年度を比較してほしい。この「その他」だけで 12.5 兆円もの差がついている。

太　ほんとだね。こんなことしたから 20 兆円以上（p.64）あった差がほぼなくなったんだね。

モ　そうだ。「平成 23 年基準」から「その他」を差し引いたグラフを見ると、「その他」の影響の大きさがよく分かるよ。

図 2-19

太　全然違うね。これだと、グラフの折れ線は改定前の「平成 17 年基準」に近い形をしてるし（**図 2-13**）、1997 年度と 2015 年度の数値には 13.4 兆円も差がある。「その他」によってアベノミクス以降を思いっきりかさ上げしてるってのがよ

図 2-19 「その他」の影響を可視化する

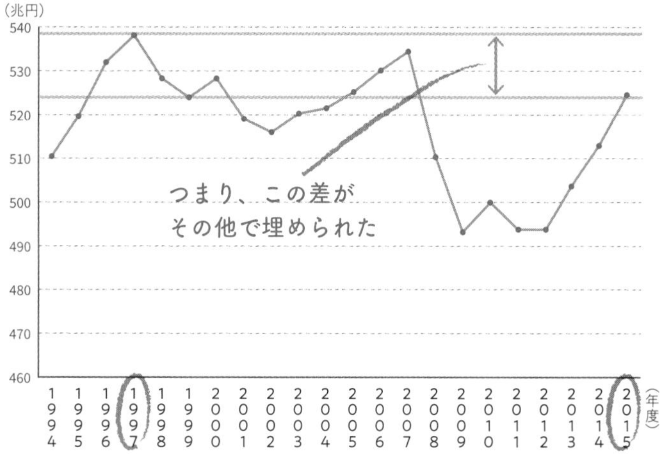

「平成23年基準」から「その他」を引いた数値（1994-2015年）

く分かるね。

モ　そうだ。「その他」を差し引くと、2015年度の名目GDPは過去22年度中8位まで順位が下がる。でも、「その他」で思いっきりかさ上げされているところだけを見るのでは足りない。**1997年度を含む90年代が大きくかさ「下げ」されている**のも特徴なんだ。だからこそ2015年度の数値が1997年度にほぼ追いつくことができている。ちなみに、図2-14には含まれていないが、**2016年度以降2019年度まで、名目GDPは史上最高額を更新し続けている**。

この「その他」がどこにあてられたのか。名目GDP改定前後の名目民間最終消費支出の差額と、「その他」とを重ねてみると面白いことが分かる。図2-20

図2-20 「消費」の失敗を補う? 不自然な一致

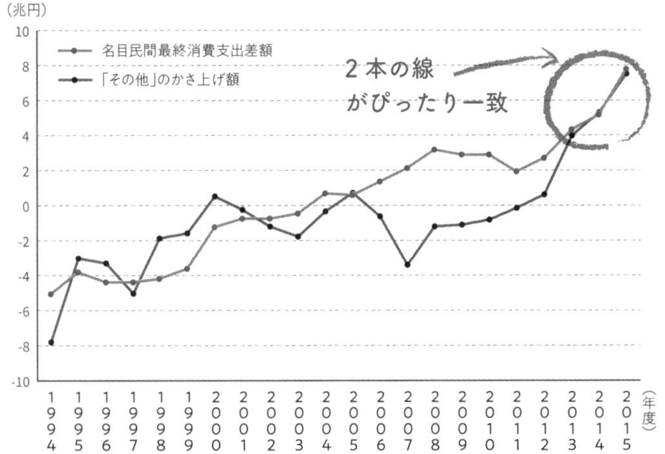

名目民間最終消費支出差額と「その他」かさ上げ額（1994-2015年）

太　アベノミクス以降だけ、「その他」と名目民間最終消費支出の改定前後の差額がほぼ一致するね。

モ　そうだ。まるで**アベノミクスで一番失敗した「消費」を、「その他」によるかさ上げでカバーしようとしたように見える**。

さらに、「平成17年基準」だと、アベノミクス以降の経済成長率は年1.8%程度だったんだが、改定後は年2.5%程度に上がった。このペースを維持できれば、2020年度に名目GDPがちょうど600兆円に到達する計算になる[7]。そして、当時の総理だった安倍氏は「2020年を目途に名目GDP600兆円達成」を目標にしていた。

太　まるで安倍元総理の目標達成に合わせたかのような改定

7　532.2兆円×1.025×1.025×1.025×1.025×1.025≒602.1兆円。

だね。

モ　うん。結局コロナ禍の影響もあって目標達成には遠く及ばなかったんだけどね。この「その他」についてだが、内閣府は、GDP算出方法が改定された2016年12月から1年経過した2017年12月になってから、やっとその内訳に近いものを公表した。

太　なんで内訳に「近いもの」なの？

モ　その**公表された内訳の数字を足しても、「その他」の数字と一致しないから**さ。内閣府によると、改定要因の厳密な切り分けが難しいから、ということらしい。でも大事なことはね、結局内閣府は「なぜアベノミクス以降のGDPだけが大きくかさ上げされ、それ以前はほとんどマイナスになるのか」について、何も説明していないということだよ。

太　そこが一番大事なのにね。「偶然そうなった」って言いたいんだろうね。

■ 際立つ「平成23年基準」の異様さ

モ　そうだね。そして、2020年12月に、さらにまたGDP算出方法が改定された。今度は基準年が平成23年から平成27年になり、新しく作成された産業連関表に合わせるなどの変更が行われた。その結果、名目GDPはまた上方改定された。「平成17年基準」「平成23年基準」「平成27年基準」を並べたグラフを見てみよう。図2-21

太　「平成17年基準」当時と比べるとずいぶん上がったね。

図 2-21 3つの基準を比べてみると

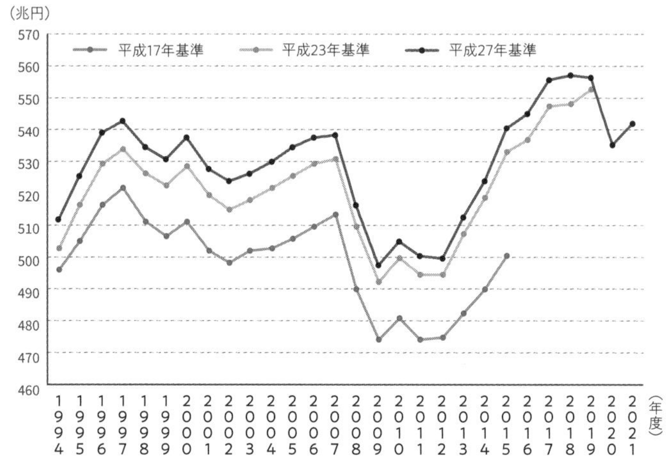

「平成 17・23・27 年基準」の名目 GDP 比較（1994-2021年）

2015 年度は、「平成 17 年基準」だと 500.6 兆円、「平成 27 年基準」だと 540.7 兆円だから、40.1 兆円も上がったことになるのか。もう全然違う数字だね。

モ　次に、「平成 23 年基準」と「平成 27 年基準」の差額を見てみよう。図2-22

太　「平成 17 年基準」から「平成 23 年基準」への改定のときと違って、アベノミクス以降だけかさ上げ額が大きいということはないね。むしろ 1990 年代の方が少し高いぐらい。

モ　そうだ。逆に言うと、「平成 23 年基準」での改定の異様さが際立つと言えるだろう。同じ基準で改定しているのだから、アベノミクス以降だけあんなにかさ上げされたのはやはりおかしいんだ。本来は、この「平成 27 年基準」への改定

図 2-22 「本来の」基準変更時の差額

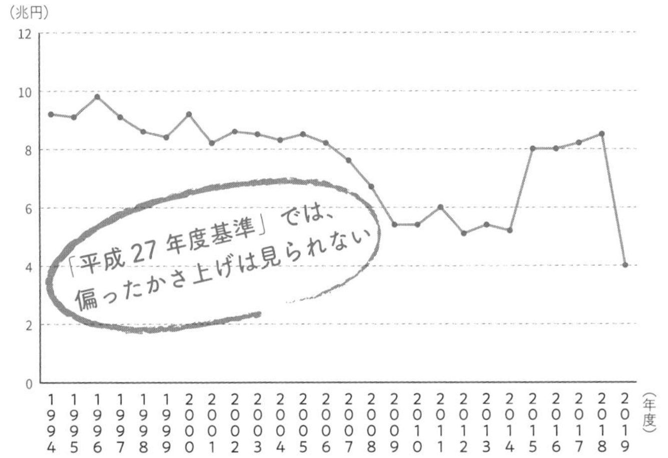

「平成23年基準」と「平成27年基準」の名目GDP差額（1994-2019年）

のように、大きな差は生まれないはずだからね。

■賃金は上がっていると言われても…

モ　でも、あやしい改定はこれだけではない。**賃金**についても行われているんだ。名目賃金の前年比上昇率を見てみよう。図2-23

太　アベノミクス以降だと、2018年だけ急に1.4%も伸びているね。

モ　うん。それ以前の5年間の上昇率の合計が1.4%だから、5年分の上昇率をたった1年で達成したことになるね。この上昇率を上回る年を探すと、21年前の1997年（1.6%）まで

図 2-23 賃金が前年に比べて上がった年、下がった年

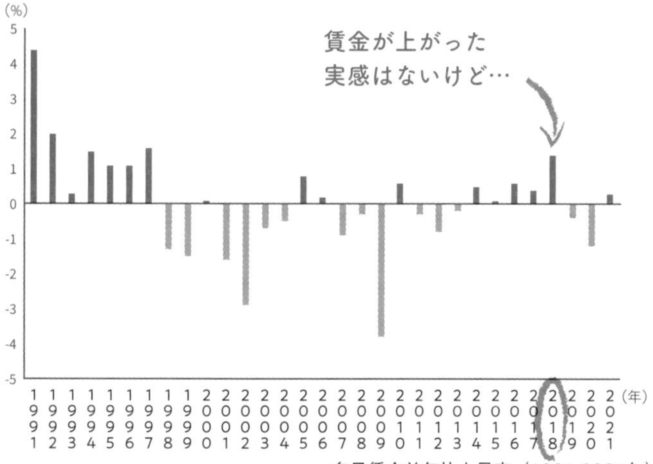

名目賃金前年比上昇率（1991-2021年）

遡らないといけない。

太　なんでそんなことになるの？

モ　これは非常に複雑な問題[8]なのだが、単純化して結論だけ言うと、**常用労働者の定義を変更し、かつ、遡って改定しなかったから**だろう。この名目賃金の統計調査の対象となる「常用労働者」の定義は、2017年12月までは下記のものだった。

1．期間を定めずに雇われている者

2．1カ月を超える期間を定めて雇われている者

3．臨時又は日雇労働者で前2カ月の各月にそれぞれ18日以上雇われた者

それが2018年1月から下記のように変更された。

8　詳しくは拙著『国家の統計破壊』（集英社インターナショナル）参照。

1．期間を定めずに雇われている者
2．1か月以上の期間を定めて雇われている者

大きなポイントは「臨時又は日雇労働者で前2カ月の各月にそれぞれ18日以上雇われた者」が外れたことだ。いわゆる日雇い労働者が統計調査の対象から外されたことになる。**日雇い労働者の賃金は一般的に低いから、賃金の低い者が外されたら、当然平均値は上がる。**

常用労働者について、2018年1月の速報値では5058万6000人だったが、同じ月の確報値では4952万5000人となり、106万1000人も減った。速報値と確報値でこんなに差が出ることは通常あり得ないので、速報値の方は旧定義を使い、確報値には新定義を使ったのだろう。減少した106万1000人は低賃金労働者がほとんどを占めるだろうから、平均値への影響は大きい。

これに加え、普通はこういう変更のときは、データに変な差が出ないように過去数年分を遡って改定するんだが、このときは過去数年分は改定せずに、そのまま接続してしまった。だから2018年だけいきなり上昇したんだ。2019年10月に消費税増税を控えていたから、政府としては賃金が伸びたことにしておきたかったのだろうね。

太　でもそんなことしても結局、実質賃金はアベノミクス以前の水準に遠く及ばないままだね（p.55 **図2-6**）。

モ　そうだ。かさ上げをしても全然ダメというところが悲惨だ。それはGDPにも言える。悲惨さがよく分かる実質家計最終消費支出（前述のとおり、GDPの多くの部分を家計が占める）の推移を見てみよう。p.58 の図 2-9 では「平成 17 年基準」のデータを使ったが、これは最新の「平成 27 年基準」によるものだ。図2-24

図 2-24 2013年以降、家計はより苦しくなっている

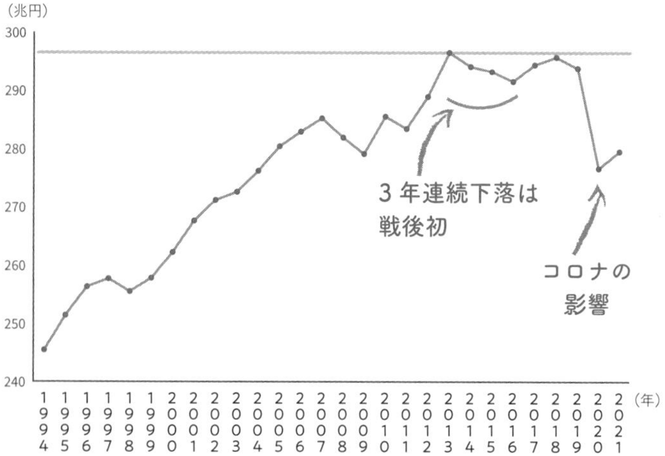

実質家計最終消費支出（1994-2021年）

モ　2020 年以降はコロナ禍があったので仕方がないが、問題はそれ以前だ。2014 〜 2016 年にかけて 3 年連続で落ちている。これは戦後初だ。その後、2018 年まで上昇基調になったが、結局一度も 2013 年を超えたことがない。2019 年のように「6 年前の数字を下回る」のも戦後初だ。戦後最悪の消費停滞が起きたと言える。

太　「平成 23 年基準」への改定のときに、アベノミクス以降

だけ思いっきりかさ上げしたけど、それでもこの悲惨さなのね。

でも一方で、雇用に関する数字が大きく改善したとか、株価が上がったとかよく言われているでしょ。それはアベノミクスの成果と言っていいんじゃないの？

モ　なるほど。では次は、**雇用**と**株価**について、詳しく見てみよう。

■円安との相関性を見てみよう

モ　では雇用に関するグラフを確認していこう。2020年以降はコロナ禍の影響が入ってしまうので、2019年までの数字で見ていくよ。まず、2012年の産業別雇用者数が2019年時点でどのように変化したかを、増加数の多い順に並び変えたものを見てみよう。**図2-25**

モ　**医療・福祉**が2位以下を大きく引き離して1位だ。137万人も増えている。2位と3位を合わせた数よりもなお多い。これは明らかに高齢者の増加が影響しているので、アベノミクスとは無関係だ。

2位の**宿泊業・飲食サービス業**についてだが、確かに宿泊はアベノミクスがもたらした円安による外国人旅行客の増加で恩恵を受けるかもしれない。しかし、飲食は円安による原材料費高騰や消費低迷の影響を大きく受けるので、アベノミクスはむしろ悪影響で、それによって後押しされることではない。

図2-25 どの産業で、働く人が増えている？

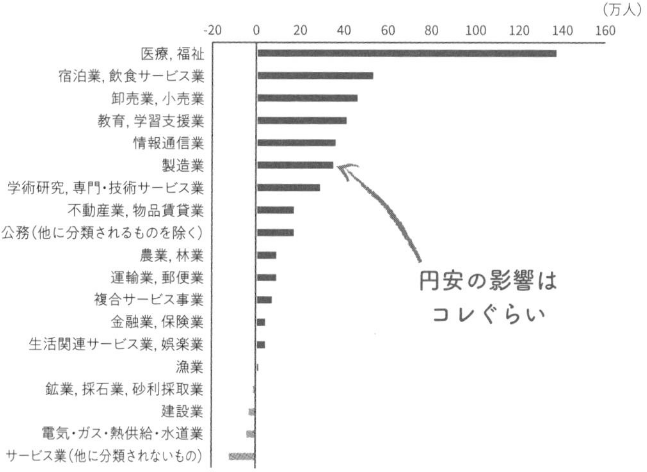

産業別増加雇用者数（2012-2019年）

3位の**卸売業・小売業**も、円安によって恩恵を受けるわけではない。原材料費の高騰や記録的な消費低迷からするとこれもむしろ害を受ける方なのでアベノミクスと無関係だ。

4位の教育・学習支援業、5位の情報通信業も円安とまったく関係ない。

6位の製造業はアベノミクスの影響と言ってよいだろう。しかし7位以下は基本的に国内需要に頼るものばかりなので、これらもアベノミクスとは無関係。

太　アベノミクスって、結局円の価値を落として円安にしただけなんだよね。だから、**円安と関係なければ、アベノミクスによる好影響があったとは言えないということ**だね。

モ　そう。また、「アベノミクスによって就業者数が増えた」

というのもよく聞く話だ。それも見てみよう。図2-26

図2-26 本当に働く人は増えているのか

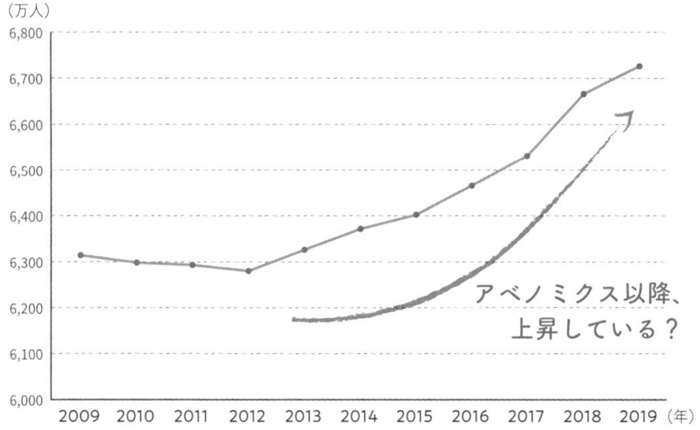

就業者数の推移（2009-2019年）

太 これは、素直にアベノミクス以降、上昇に転じているように見えるけど。

モ 年次では確かにそう見える。でも月次データを年齢別で見ると違った側面が見えてくる。2012年12月と、2019年12月の年齢階級別就業者数を比較してみよう。図2-27

太 そうか、すべての年齢階級において、一律に就業者が増えているわけではないんだね。6つの階級のうち、半分は減少している。

モ うん。この減っている階級を1つにまとめたものを**減少群**とし、増えている階級を1つにまとめたものを**増加群**として、グラフにしてみよう。図2-28

図 2-27 働き盛りの数はむしろ減っている

（万人）

	15-24歳	25-34歳	35-44歳	45-54歳	55-64歳	65歳以上
2012年12月	463	1181	1505	1315	1185	612
2019年12月	589	1109	1385	1596	1168	929
差	126	-72	-120	281	-17	317

減少している世代

年齢階級別就業者数の比較（2012年12月と2019年12月）

図 2-28 働き手が減っている世代だけを見た推移

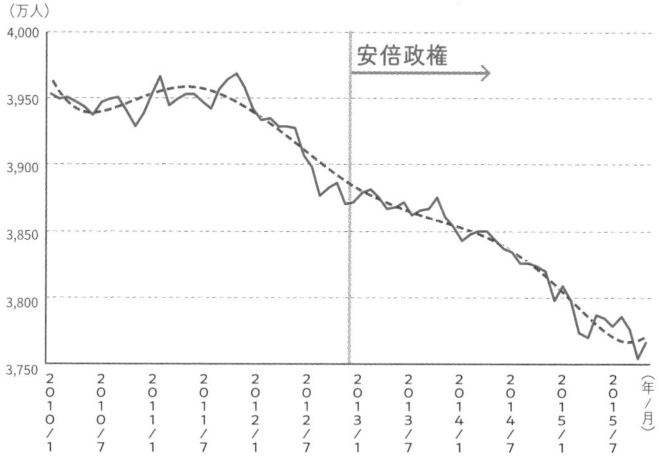

就業者数減少群（25-34 歳＋35-44 歳＋55-64 歳）の推移
（2010 年 1 月 -2015 年 7 月）

太　減少群（25～34歳+35～44歳+55～64歳）の減少傾向は、安倍政権以前から始まっていて、その傾向がずっと継続しているね。傾きも変わらない。

モ　次に、増加群（15～24歳＋45～54歳＋65歳以上）につい

て見てみよう。図2-29

図 2-29 働き手が増えている世代だけを見た推移

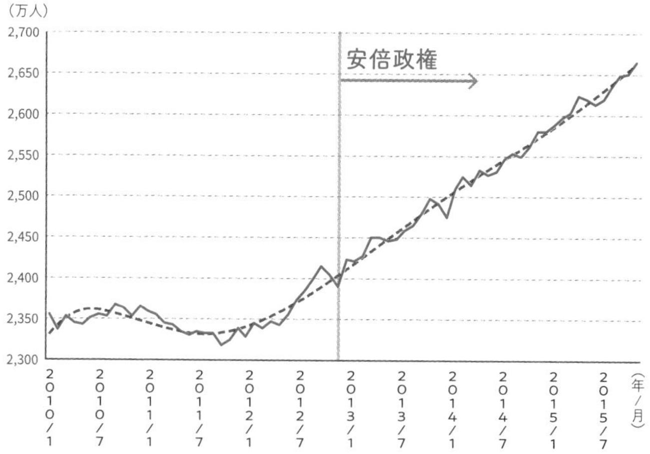

就業者数増加群（15-24歳＋45-54歳＋65歳以上）の推移
（2010年1月-2015年7月）

太　これも同じだ。増加傾向が安倍政権以前から始まっていて、それがずっと続いているだけ。だいたい2012年の中頃からすでに増加が始まっている。

モ　そうだ。就業者数が増加に転じたのは、この**安倍政権以前から始まっていた増加群の増加ペースが、減少群の減少ペースを上回ったからだ。そのタイミングが年次データで見るとたまたま2013年だった**ので、あたかもアベノミクスのおかげで就業者数が増え始めたように「錯覚」してしまうんだ。さっきも指摘したとおり、増えた雇用の内訳を見ればアベノミクスと関係ないことは一目瞭然なんだが。

太　戦後最悪の消費停滞がなければむしろもっと伸びていただろうね。

モ　そうだね。**アベノミクス前からの傾向がそのまま続いているだけ**というのは、安倍元総理がよく持ち出していた有効求人倍率と失業率にもあてはまる。図2-30

図 2-30 もともと失業率は下がってきていた

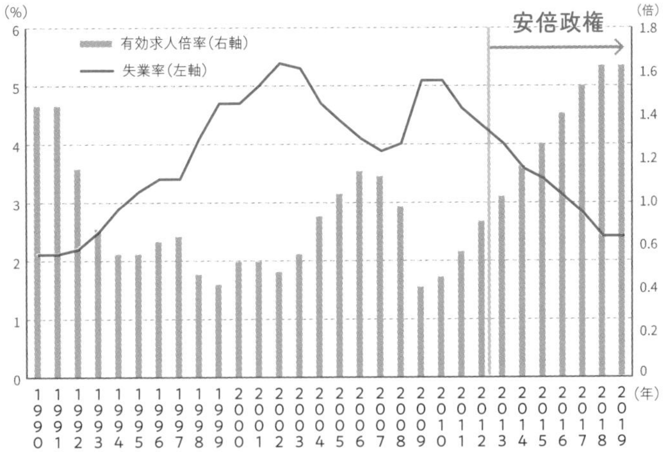

有効求人倍率・失業率（1990-2019年）

太　ほんとだ。安倍政権発足前後で全然傾きが変わってない。民主党政権時代から続く改善傾向がそのまま継続しているだけ。

モ　アベノミクス以降もずっと改善傾向が継続していたのは、金融危機が発生していないからだ。数字が悪化した時期を見ると、まず1991年のバブル崩壊以降だんだん悪くなっていき、1997年末に発生した金融危機の影響でさらに悪化している。

そして、2003年あたりからだんだん良くなってきたが、2008年のリーマン・ショックでまた猛烈に悪化する、という経緯が見てとれる。雇用を最も悪化させるのは金融危機なんだ。アベノミクス以降はまだそれが発生していない。だから戦後最悪の消費停滞を引き起こしたにもかかわらず、2018年までずっと改善傾向が続いたんだ。

■就職率改善と賃上げのカラクリ

太　大学生の就職率が改善したとか言われているけどそれはどうなの。

モ　人口動態が影響している。大学卒業者が含まれる20～24歳人口の推移と、定年退職者が含まれる60～64歳人口の推移を比較してみよう。**図2-31**

モ　20～24歳人口は、1994年に998万6000人でピークを迎えている。これは、いわゆる**就職氷河期世代**にあたる。この世代はもともと人が多かったところへ不景気が重なり、氷河期と称される異常な就職難に直面してしまったといえる。そこから20～24歳人口は減少し、2019年は638万8000人となっており、ピーク時の約3分の2にまで減っている。

他方、定年退職者が含まれる60～64歳人口は、2011年に1063万2000人でピークを迎え、以降は急激に減少し、

図 2-31 定年退職により大量のイスが空いた

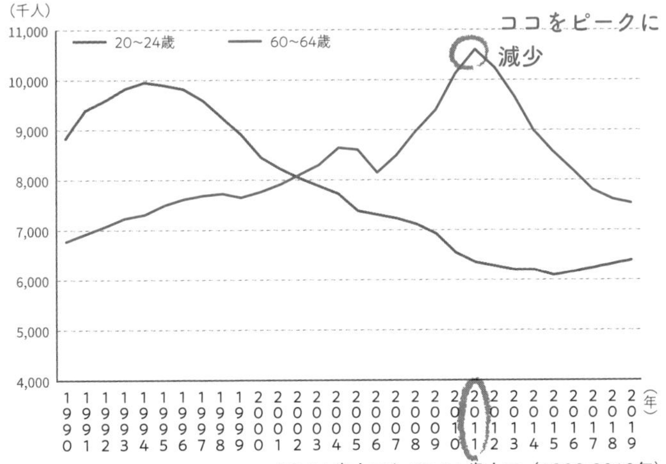

20-24 歳人口と 60-64 歳人口（1990-2019年）

2019 年は 752 万 3000 人にまで減少した。つまり、**上の世代のイスがたくさん空いたが、それを埋めるはずの 20 ～ 24 歳人口も急減しているため、就職難が自動的に解消されたん**だ。

太　安倍元総理がよく言っていた**「賃上げ 2%達成」**は？

モ　あれは春闘における賃上げを指している。問題はそのサンプルだ。春闘に参加した組合員しか対象になっていない。では、賃上げの対象となった組合員はどれだけいるのだろうか。雇用者全体（役員を除く）に対する割合を見てみよう。

図2-32

太　なんだ。「賃上げ 2%」の対象になっている労働者って、**全体の 5%ぐらいしかいないのね。**

図2-32 どれだけの人の給料が上がったの?

	①対象組合員数（人）	②役員を除く雇用者数（人）	割合（①÷②）
2009年	1,915,245	51,240,000	3.7%
2010年	1,981,938	51,380,000	3.9%
2011年	1,850,050	51,670,000	3.6%
2012年	1,966,439	51,610,000	3.8%
2013年	1,989,509	52,130,000	3.8%
2014年	2,689,495	52,560,000	5.1%
2015年	2,727,767	53,030,000	5.1%
2016年	2,687,757	53,910,000	5.0%
2017年	2,768,720	54,600,000	5.1%
2018年	2,900,654	55,960,000	5.2%
2019年	2,806,555	56,600,000	5.0%

たったこれだけ！

賃上げの対象となった組合員数の割合（2009-2019年）

モ　そう。**しかもその賃上げ率は名目値**だ。名目賃金の上昇率から、消費者物価指数の上昇率を引いた、**実質賃金上昇率**を見てみよう。図2-33

モ　このように、民主党政権時代最も低かった2012年の実質賃金上昇率1.72を上回った年は、アベノミクス以降だと、2016年の1回しかない。2014年に至っては大幅なマイナスだ。**実質賃金上昇率を見ると、民主党政権時代よりもアベノミクス以降の方が圧倒的に低い。**

■確かに株価は上昇したけど…

太　なるほど。アベノミクスによって雇用が改善されたり、賃金が上がったりということはなかったんだね。そしたら、

図2-33 アベノミクスで実質賃金は下がっていた

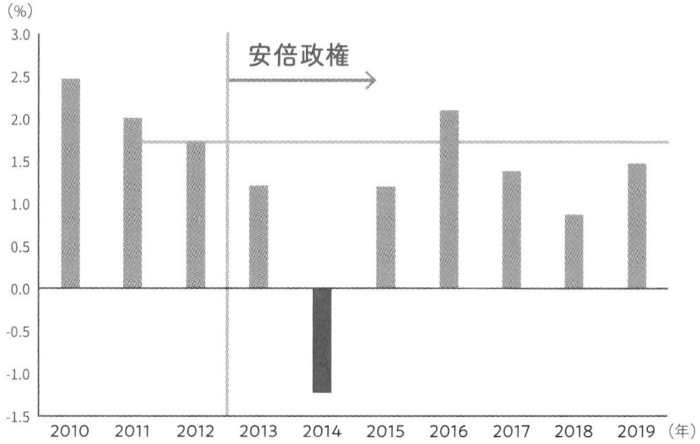

実質賃金上昇率（2010-2019年）

株価はどう？

モ　株価は上昇したけど、あくまで下記の3つが要因であって、実体経済を反映してはいないんだ。

①異次元の金融緩和

②日銀のＥＴＦ購入

③年金資金の投入

①と②の要因はいずれも日銀だ。したがって「日銀と年金」で株価をつり上げているといえる。

①から順に説明していこう。日銀の異次元の金融緩和により、民間金融機関の保有する国債が日銀に爆買いされ、円が市場に大量供給された。円が大量供給されれば、普通に考えれば円の価値が下がる。そう予想した投資家たちが円売りに走ったので、実際に円安になった。円安になると、外貨ベー

スで見た株価が下がるので、日本株が安売りされるのと同じ状態になり、海外投資家にとっては日本株が購入しやすくなる。さらに、円安になれば輸出産業の大企業が為替効果で大儲けすることが予想されるから、そういった大企業の株価も上がりやすくなる。これらの要因により、株価が上昇する。ここで東京証券取引所一部上場企業の投資家ごとの株取引状況を、投資部門別買い越し額の推移で見てみよう。図2-34

図 2-34 株価は日銀と年金の買い支えで保たれている

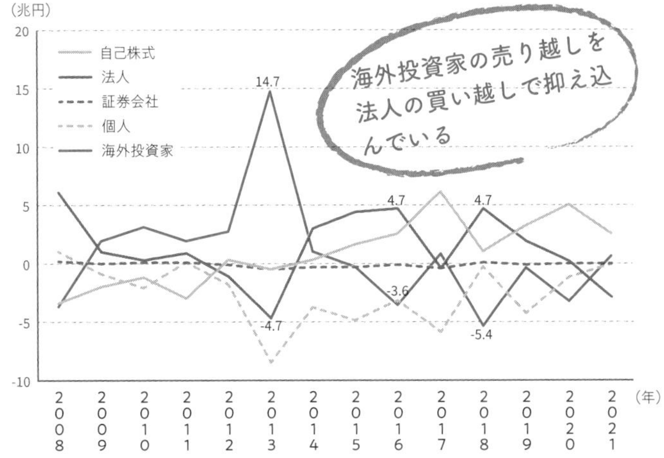

日本株の投資部門別買越額推移（2008-2021年）

モ　2013年は海外投資家の買越額が14.7兆円にもなった。東証一部において海外投資家の売買総額に占める割合は6～7割に及ぶから、この海外投資家の「買い」が、2013年における株価上昇の大きな要因といえる。

ところが、2014年以降になると、海外投資家の買い越し額は減少し、2016年には逆に3.6兆円の売り越しとなった。これは、リーマン・ショック時の売り越し額3.7兆円に匹敵する数字だ。さらに、2018年の売り越し額はリーマン・ショック時の売り越し額を超え、5.4兆円に達した。このように海外投資家は**リーマン・ショックを超える売り越しとなっているにもかかわらず、株価はたいして下がらなかった。その最も大きな要因は、日銀と年金で買い支えているからだ。**日銀と年金による買い支えはこのグラフでいうと「法人」に該当する。

2018年を見てみると、「海外投資家」がリーマン・ショック超えの5.4兆円の売り越しをしたのに対し、「法人」は4.7兆円の買い越しとなっている。こうやって、海外投資家の売り越しによる株価の下落を、法人の買い越しで抑え込んだから、株価はたいして下がらなかった。

ここで「年金」と言っているのは、正確にはGPIF（Government Pension Investment Fund：年金積立金管理運用独立行政法人）のことだ。GPIFとは、国民が払った年金保険料のうち、積み立てている分を管理・運用している機関のことを言う。**GPIFは、2014年10月にポートフォリオ（資産構成）を変更し、株式への投資割合を約2倍にした。**そのため、日本の株式市場に年金資金が大量に投入されることになったんだ。GPIFの実際の国内株式運用額と資産構成に占める割合の推移を見てみよう。図2-35

図2-35 急増した年金の株式運用額

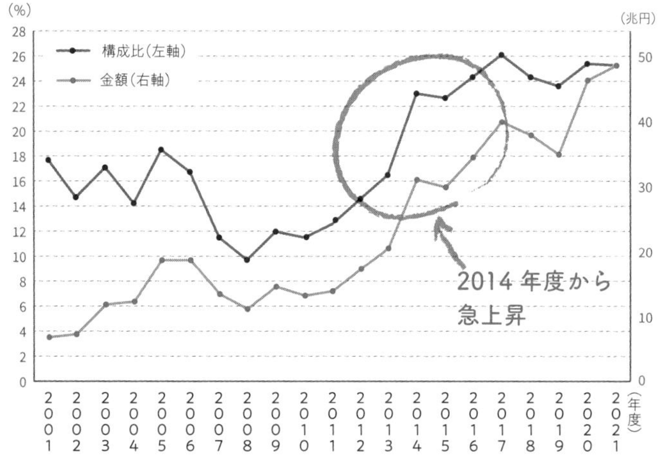

GPIFによる国内株式運用額・率（2001-2021年）

太　2014年度から金額も構成比も急上昇しているね。

モ　そう。そして、もう1つ、株価上昇の大きな要因となっているのが、日銀のETF購入だ。ETFというのは、上場投資信託（Exchange Traded Fund）の略だ。投資信託は、自分で株を購入するのではなく、投資信託会社にお金を預けて、上場企業の株式などに投資してもらい、その運用益をもらうものだ。中でもこのETFの運用は、日経平均株価などの指数に連動するようになされる。ざっくり言えば、市場の平均値に近くなるように、投資信託会社がうまい具合に株を組み合わせて購入する。したがって、個々の会社の業績を吟味して買われるわけではない。日銀がこのETFを大量購入することにより、株式市場にお金が投入され、株価が上がる

ことになる。その推移を見てみよう。図2-36

図2-36 日銀のETF購入額も年々高まっていた

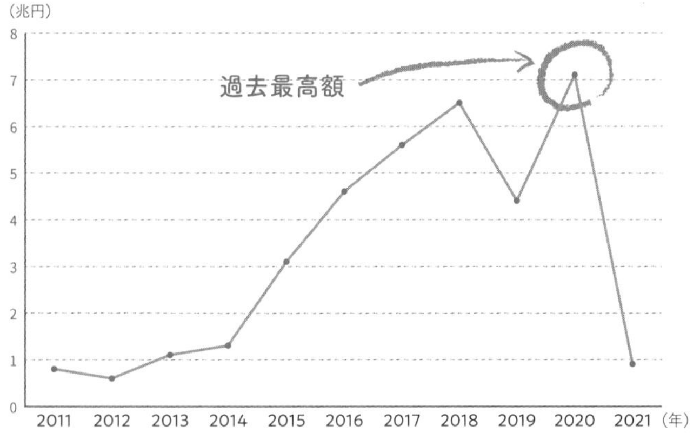

日銀 ETF 購入額（2011-2021年）

太　2015年以降から毎年大きく上がり続けて、2019年は前年より下がったけど、2020年はまた上昇して7.1兆円となり、過去最高を記録しているね。そして2021年は大きく落ちている。

モ　日銀がETFを購入するタイミングは決まっていて、午前の終値が前日の終値からある程度下がると購入する。つまり、株価が下がったときに買い支えているんだ。日銀が一度に購入するETFの額は、以前は700億円程度だった。それが呼び水となって投資家の買いを誘うので、株価が回復する。2019年、2021年に購入額が下がったのは、株価の下がる機会がそれまでの年に比べて少なかったからだろう。

2020年はコロナショックがあり、株価が大暴落した。日銀は大慌てになり、それまで年6兆円だったETF購入枠を、一気に倍の12兆円に増やした。さらにその後、1日の買い入れ額について、それまで700億円程度だったのを、2000億円程度買うようになった。だから**過去最高の約7.1兆円**の購入額になったわけだ。

こうやって日銀と年金で株価を本来あるべき金額より大きくつり上げて、好景気を装っていたんだ。これが安倍元総理の高い支持率を支える1つの要因だった。だけど、価格が高いところで購入しているから、株価が暴落した場合、日銀もGPIFも莫大な損を出すことになる。だから買い支え続けるしかない。もう止められない。

■バブルの失敗をまた繰り返す

太　株価が本来あるべき価格よりも上がってしまっているのは、バブルのときと共通してるね。なら土地はどうなの？

モ　目のつけどころがいいね。では、土地も同様に高くなっているのか、公示価格の推移を見てみよう。図2-37

太　えーと……、バブル時代がすごすぎて、これじゃよく分からないね。

モ　じゃあ2000年以降だけを切り取ってみよう。そうすればグラフの傾きが分かりやすい。図2-38

太　2000年以降だけ見ると、リーマン・ショック前の時点で地価の急上昇があり、そこからリーマン・ショックで落ち

図 2-37 土地価格もまた上がってきた?

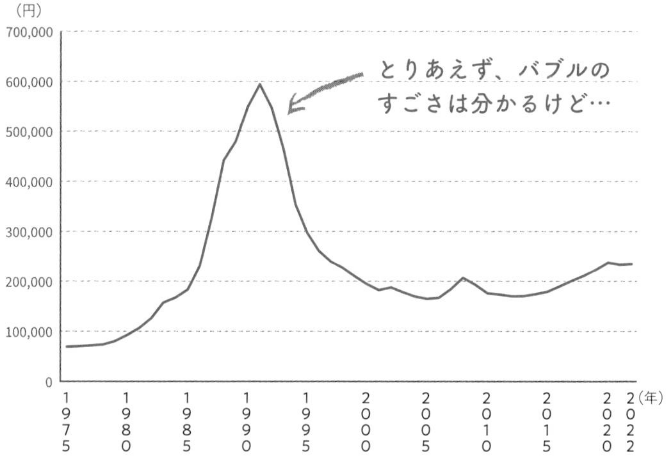

公示価格（全用途）推移（1975-2022年）

図 2-38 やっぱり土地価格も上がっていた!

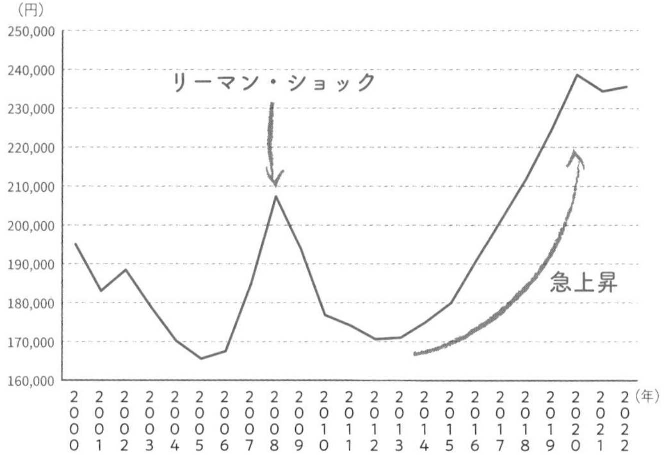

公示価格（全用途）推移（2000-2022年）

込んで、アベノミクス以降に上昇が再開したのが分かるね。そして2020年までずっと上昇している。やはりお金を増やすと、それが土地に流れるということだね。

モ　そうだ。結局、バブルで起きたことをまた繰り返しているんだ。ただ、その規模はバブルのときと比較にならない。

太　ラクしていい思いをしたいから、同じ手段に行き着くんだね。こうして色々なデータを見ると、アベノミクスが実質的な成果にことごとく結びついていなくてツラいね。でも、円安になったから、さすがに輸出は伸びたんじゃないの？

■円安で輸出は伸びた?

モ　輸出の額だけを見れば円安の影響で大きく伸びたんだが、量は伸びなかった。輸出金額、価格、数量を指数で確認してみよう。図2-39

モ　輸出金額というのは、輸出の「総合計額」のことであり、輸出価格というのは「単価」のことだ。輸出金額と価格は円安の影響を受けて2013～2015年にかけて大きく伸びた。2016年は円高になったので落ちたが、2017年から再び円安基調になったので上昇した。

他方、輸出数量指数は2016年まで横ばいであり、2017年からようやく上昇したが、2018年の105.6がピークだ。2019年は前年から4.6ポイントも落ちた。アベノミクス前の2010年の数量指数は109.2だ。つまり、アベノミクス以降の数量指数は、2010年の水準を一度も超えていないんだ。

図 2-39 輸出「量」は増えていない

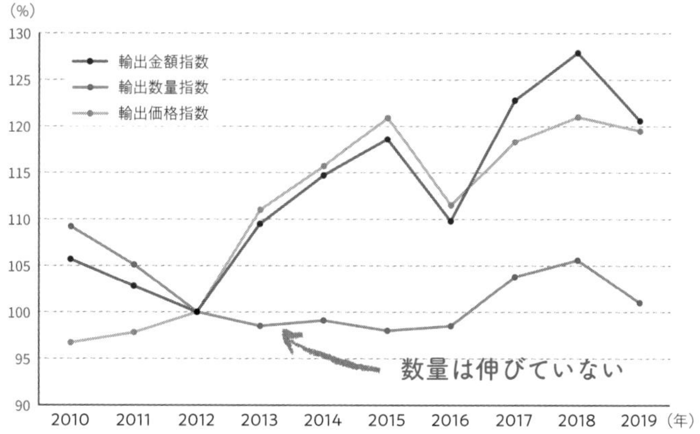

輸出金額・価格・数量指数（2010-2019年）※2012年＝100

要するに、**輸出される商品の量が増えて輸出が伸びた、というわけではない。外貨建ての価格を据え置きにし、円安の為替効果によって、円換算の金額がかさ上げされただけだ。**例えば、1万ドルの商品があるとする。1ドル80円なら、この商品の価格は円換算で80万円、1ドル120円なら120万円だ。ドル建てでの値段は同じ1万ドルだが、円建てに直すと40万円も売り上げが変わる。だけど、輸出数量が増えたわけではないので、原材料を輸入し、それを国内企業に納入する企業などはまったく恩恵を受けない。

太　なんか円安でかさ上げしてるだけって感じなんだね。

モ　そうだね。そしてアベノミクスの「効果」は日本の財政面にも大きな影響を与えている。3章では、それについて見てみよう。

国の借金が増えると、未来はどうなる？

3章

■「国の借金」の仕組み

太　日本の借金が1000兆円を超えたと言われてからもう何年かたっているね。だけど、騒がれているわりに何も起きてないような。たいした問題ではないってこと？

モ　では、まずその借金の現状を確認するために、日本政府の令和2（2020）年度**貸借対照表**を見てみよう。図 3-1

図 3-1 日本の資産と負債を比べてみよう

（兆円）

	元年度末	2年度末	増▲減		元年度末	2年度末	増▲減
〈資産の部〉				〈負債の部〉			
現金・預金	46.1	69.5	23.4	未払金等	12.1	12.1	0.1
有価証券	126.5	119.7	▲6.8	政府短期証券	77.5	92.8	15.3
たな卸資産	4.3	4.1	▲0.1	公債	998.8	1,083.9	85.1
未収金等	11.7	12.7	0.9	借入金	32.4	32.9	0.5
前払費用	4.2	3.7	▲0.5	預託金	5.9	7.1	1.2
貸付金	107.2	120.1	12.9	責任準備金	9.5	9.5	▲0.0
運用寄託金	113.2	112.6	▲0.7	公的年金預り金	121.2	121.8	0.6
その他の債権等	4.3	5.2	0.9	退職給付引当金等	6.3	6.1	▲0.2
貸倒引当金	▲1.4	▲1.6	▲0.2	その他の負債	9.4	9.8	0.4
有形固定資産	188.7	191.3	2.6				
無形固定資産	0.3	0.4	0	負債合計	1,273.1	1,376.0	102.9
出資金	76.3	83.4	7.1	〈資産・負債差額の部〉			
				資産・負債差額	▲591.8	▲655.2	▲63.4
資産合計	681.3	720.8	39.5	負債及び資産・負債差額合計	681.3	720.8	39.5

収支、マイナス650兆円超！

賃借対照表

貸借対照表とは、左側に持っている資産、右側に負債と純資産を書いた表のことだ。「負債」というのは、いずれ誰かに返さなければならないお金のこと。代表的なのは、他人から借りたお金だね。さらに「純資産（「資産・負債差額の部」）」というのは、要するに自分のお金だと思えばよい。負債と違って返さなくてよい。日本政府の場合、負債の額が資産を上回っているから、純資産はない。

太　令和2年度末の資産合計が720.8兆円、負債の合計が1376兆円だから、負債の額が655.2兆円も上回っているんだね。

モ　うん。負債は単なる借金だけじゃなくて、預かっているお金とか未払いの費用とかも含む。**一般的に「国の借金」と言われる場合、この負債のうち、政府短期証券、公債（国債）、借入金の合計額を指す**。この表の数値で計算すると1209.6兆円になる。このうち、約9割を占めるのが公債（国債）の1083.9兆円だ。

太　国債って、つまり何だっけ？

モ　**国にお金を貸していることを証明する債券のこと**だ。要するに国の借金のことだと思えばいい。国は国債を発行し、それを国内の銀行等に買ってもらうことにより、借金をしている。国債を買った人は、毎年利息をもらえる。利息というのは、いわばお金のレンタル料だね。そして、償還期限（お金を返す期限）が来たら元本、つまり貸したお金を返してもらえる。

　令和2年度末の国債発行残高1083.9兆円の内訳を見ると、**建設国債**が290.2兆円、**特例国債**が653.3兆円、**財投債**《ざいとうさい》その他で158.4兆円となっている[9]。

9　財投債その他の残高には、内部保有による相殺の影響額が含まれるため、建設国債・特例国債との単純合計額と、国債発行残高とは数値が一致しない。

まずは**建設国債**のことから説明しよう。建設国債というのは、財政法４条を根拠に発行される国債のことだ。条文は次のとおり。

第四条　国の歳出は、公債又は借入金以外の歳入を以て、その財源としなければならない。但し、公共事業費、出資金及び貸付金の財源については、国会の議決を経た金額の範囲内で、公債を発行し又は借入金をなすことができる。

太　「公債又は借入金以外の歳入をもって」ということは、要するに借金は原則ダメってことかな。

モ　そのとおり。でも、「原則禁止」だから例外がある。但し書き以下にある「公共事業費、出資金及び貸付金の財源については、国会の議決を経た金額の範囲内で、公債を発行し又は借入金をなすことができる」というのがそれにあたるわけだ。ここでいう「公共事業費」のために発行されるのが、**建設国債**だ。建設国債の発行が許されている理由は、建設国債で調達したお金は、道路や橋、建物の建設などに使用され、後世の国民の役に立つから。

太　後世の国民も利益を受けるのだから、借金を負担させてもよいだろうということだね。結局、その後世の国民が税金で返済するんだよね。

モ　そう。そして次の例外は、**特例国債**だ。だけど、この国債の発行の根拠となる条文は、財政法に存在しない。だから、特例法をつくって発行している。

太　そんな抜け道をつくったら、財政法の存在理由がなくなる気がするんだけど。

モ　そうだね。しかも、昔は毎年特例法をつくって発行してたんだけど、めんどくさくなったからか、最近では数年間発行できるような特例法になっている。

太　建設国債は後世の国民の役に立つから発行してよいという建前があったけど、特例国債はどうなの？

モ　その年に必要なことに使われて、**後世には何も残らない。例えば、年金・医療費・介護費・生活保護費などの社会保障費に使われる**。

太　後世の国民には何も残らないのね。

モ　そうだ。未来の国民たちは、負担だけを負うことになる。

　さて、また次の特例だ。**財投債**について見てみよう。財投債というのは、「財政投融資特別会計国債」の略だ。これを発行する根拠となっているのは、特別会計に関する法律62条1項。この財投債は、財政投融資のために発行されている。財政投融資とは、国がお金を借りて、それを**財投機関**と呼ばれる機関に貸すことを言う。財投機関には、例えば**日本学生支援機構**がある。日本学生支援機構は、学生に奨学金を貸しているが、その原資の一部は国から借りたものだ。また、中小企業などにお金を貸している**日本政策金融公庫**や、主に病院などへ貸し付けを行っている**福祉医療機構**なんかもある。

太　なんで財投機関があるのかな。

モ　簡単に言えば、民間の金融機関だけに任せているとお金が回らないような分野にも、お金が行き渡るようにするためだよ。そのために、国の信用を使ってお金を借り、そのお金を財投機関を通じて低い金利で貸し付けにあてている。そうやって、国の発展が実現されていく。建設国債や特例国債との違いは、お金が返ってくる、という点だ。

太　そうすると、財投債は借りたお金が貸付金という資産として残るわけだね。そして建設国債も借りたお金が道路や建物に姿を変えて残る。でも、特例国債だけは何も残らない、ということになるね。

■毎年60年ローンを組む日本財政

モ　そうだ。ちなみに、**建設国債と特例国債は「普通国債」と呼ばれ、その返済には「60年償還ルール」が適用されている**。これは、借り換えを繰り返して60年かけて返済するというものだ。

太　借り換えって何？

モ　簡単に言えば、新たに借金をして古い借金を返すということだ。

太　それだと、古い借金が新しい借金に入れ替わるだけで、全然残高が減らないんじゃないの？

モ　元金を一切返さないわけではなく、一部をちょっとずつ返して、返し切れない分について新たに借金をするんだ。一番ポピュラーな10年国債の例で考えてみよう。ややこしいので利息の計算は省くよ。600円の10年国債を発行したとする。10年後、償還期限がきたらそのうちの100円だけ返して、残りは500円の借換債《かりかえさい》（借り換えのために発行される国債）を発行して借り換える。さらに10年たったらまた100円を返して、残る400円を借り換える……、これを繰り返して60年で返す、ということだ。財務省の説明図を見てみよう。図3-2

図3-2 日本が組む「60年ローン」

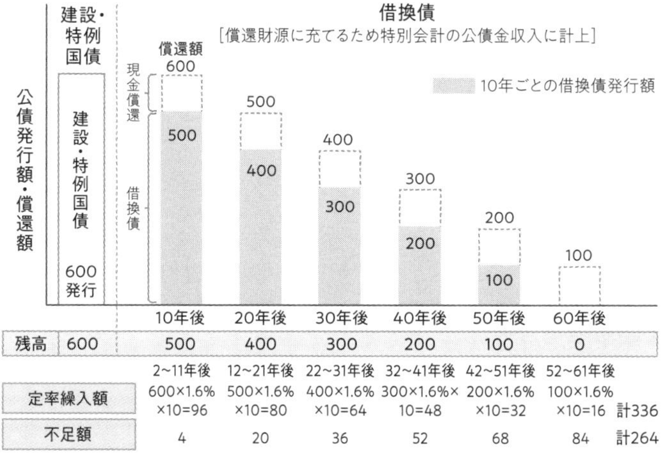

借換債による公債償還の仕組み「60年償還ルール」

太　10年国債だと、10年ごとに6分の1ずつ返していくってことね。こんなにゆっくり返していたら、元金が全然減らないうえに、支払う利息も大きくなるよね。

モ　そうだね。旧大蔵省（現・財務省）のOBである米澤潤一氏によると、平成27（2015）年度末までの普通国債残高（前倒しで発行した借換債の額を除く）763兆円のうち、利息の支払いのせいで発生した借金が335兆円を占めているそうだよ。**約44%が利息の支払いのためにした借金**ということになる。

太　なんでこんなルールが採用されたのかな？

モ　最初は建設国債にだけこのルールが適用されていた。建設国債を使って造った道路や建物は、だいたい60年ぐらい使えるだろうから、借金も60年かけて返せばいいだろうという発想だった。利益が60年続くから、負担も60年かけて分散していいだろうということだ。

太　でも、それは特例国債にはあてはまらない理屈だよね。何も残らないのだから。

モ　そうだね。特例国債は、昭和59（1984）年度までに発行されたものについては、60年償還ルールは適用されていなかったのだが、昭和60年度以降のものには適用されるようになった。これはただ単に借金を返済し切れなくなったからだ。

太　そうなんだ。60年て、とんでもなく長い期間だよね。平成の約2倍だよ。2023年に発行した国債は2083年に償還し終えるってことだろうけど、その頃には僕はもう80過ぎたおじいさんだよ。生きているかどうかも分からない。

モ　そうだね。このルールが導入されたのは1966年だが、導入した人たちはまさかこんな風に使われるとは予想していなかっただろう。建設国債、特例国債、借換債の発行額の推移を見てみよう。図 3-3

太　借換債の発行額が圧倒的だね。2010年度以降はずっと

図3-3 増えていく建設国債・特例国債・借換債

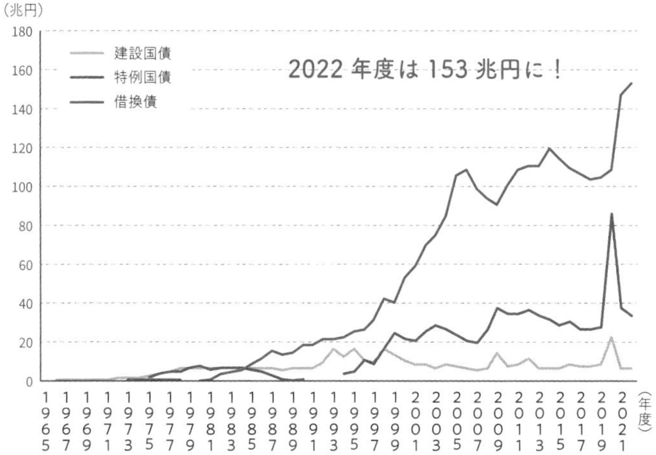

建設国債・特例国債・借換債発行額推移（1965-2021年）

100兆円超えで、2022年度の発行予定額は約153兆円か。こんなに発行しているなんて全然知らなかったよ。

モ　そうだね。国民にはあまり知られていない。では次に国債の総発行額の推移を見てみよう。**図3-4**

モ　借換債を含む国債総発行額のかつてのピークは2012年度の177兆円だった。これは前年の東日本大震災で大きく支出を増やしたからだ。そして、2020年度はコロナ禍の影響で支出が増え、一気に250兆円を突破した。その後、3年度連続で200兆円を超えている。

太　すごいことになっているね。こんなに発行されているなんて知らなかった。250兆円ということは、GDPの半分くらいだね。

図3-4 すべての国債の発行額は

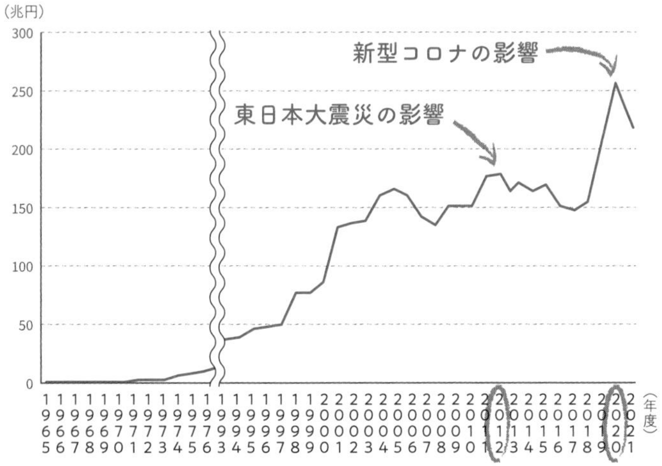

国債総発行額（1965-2021年）

■膨張する「サブの財布」

モ　そうだね。ところで、**国の会計には大きく分けて一般会計と特別会計の２つがある**。一般会計は、国の「メインの財布」と考えればよい。他方、特別会計は「サブの財布」だ。メインの財布である一般会計は、入ってきたお金が色々なところに使われるけど、サブの財布である特別会計はそうじゃない。特別な目的のためにお金が集められて、使われる。例えば、東日本大震災復興特別会計は、東日本大震災からの復興のために、復興債などを発行してお金を集めて使っている。それ以外の目的には使われない。だから、メインの財布とは区別されている。その方が分かりやすいからね。

そして、特別会計は合計で13個あり、そのうちの1つが**国債整理基金特別会計**だ。これは、国の借金返済をまとめて行うために存在するものだ。借金返済に使われるお金はいったんここに集められて、そこから返済にあてられる。そして、借換債はこの会計を見ないと出てこない。では国債整理基金特別会計を見てみよう。図3-5

図3-5 借換債の額を見てみよう

（百万円）

歳入		歳出	
他会計より受入	92,333,090	国債整理支出	241,735,989
一般会計より受入	24,338,490	公債等償還	231,897,311
交付税及び譲与税配付金特別会計等より受入	67,994,599	公債利子等支払	9,788,439
東日本大震災復興他会計より受入	20,368	公債等償還及び発行諸費等	50,238
東日本大震災復興特別会計より受入	20,368	復興債整理支出	4,055,493
租税	112,600	復興債償還	4,030,808
公債金	**149,081,480**	復興債利子等支払	20,228
復興借換公債金	**3,858,901**	復興債償還及び発行諸費等	4,457
東日本大震災復興株式売払収入	172,107		
東日本大震災復興配当金収入	3,972		
運用収入	29,864		
東日本大震災復興運用収入	121		
雑収入	178,954		
東日本大震災復興雑収入	21		
計	245,791,482	計	245,791,482

合わせて153兆円!

※百万円未満切り捨てのため、合計が一致しないことがある。

令和4年度国債整理基金特別会計

モ　この表のうち、「公債金」の約149兆円が、普通国債の借換債のことだ。そして、復興借換公債金約4兆円は、普通国債とは別に、東日本大震災復興のために発行された借換債のことだ。合わせて約153兆円になる。

太　すごい金額だね。全体の会計規模は約246兆円もあるのか。ところで、いきなり特別会計の話から入ったけど、一般会計はどうなっているのかな。

モ　じゃあ令和4年度一般会計の歳入・歳出を見てみよう。まずは歳出から。**図3-6**

図3-6「メインの財布＝一般会計」の歳出

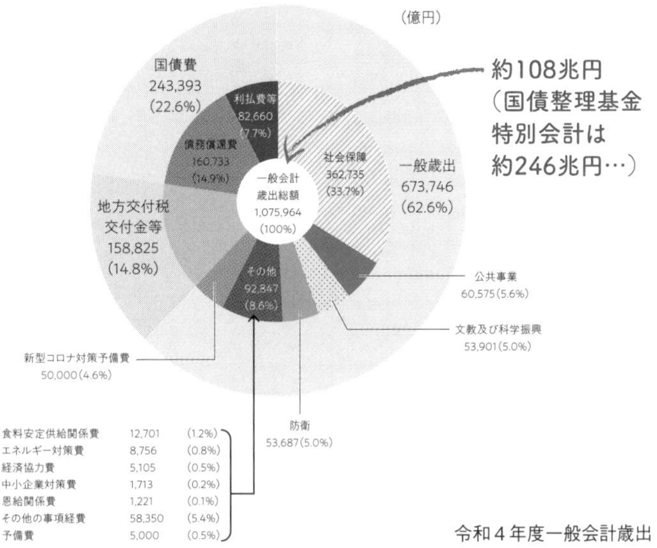

※計数については、それぞれ四捨五入によっているので、端数において合計とは合致しないものがある。

モ　このうち、「国債費」というのが、一般会計から国債の償還に使われるお金だ。さっきの国債整理基金特別会計の「一般会計より受入」の金額と一致しているでしょ。

太　本当だ。しかし一般会計の歳出規模が約108兆円なのに、国債整理基金特別会計の規模はその倍を超える約246兆円なんだね。金額で比較したらメインとサブの立場が逆転している。

モ　そうだね。**国債整理基金特別会計は特別会計の中でも最大のもので、一般会計よりはるかに大きいのに全然知られていない**。分かりにくいのが理由かもしれないね。

　では、国債費に戻ってもっと細かく見てみよう。この国債費約24兆円のうち、元金の返済にあてられているのが「債務償還費」約16兆円だ。残りの約8兆円は利息の支払いにあてられている。普通国債残高が約1000兆円なので、この元本返済率は、残高の1.6%しかない。

太　1.6%って、残高の約60分の1ってことだよね。60年償還ルールだから、元本は毎年1.6%しか返さないっていう理解で合っているかな。

モ　そうだ。つまり借金が毎年1.6%しか減らないということだ。

太　他方で新しく借りるお金もあるんだよね。

モ　そう。では歳入の方も見てみよう。このうちの「公債金」約37兆円が新しい借金だ。図 3-7

太　つまり、約16兆円借金の元本が減ったけど、約37兆円新しく増えるから、結局約21兆円借金が増えることになるね。毎年こんなことやってたら永遠に減らないよね。

モ　うん。だからどんどん借金が積み上がり、金額がとんでもないことになっている。返すお金より借りるお金の方が多

図3-7 新たな借金はどれだけ増えた?

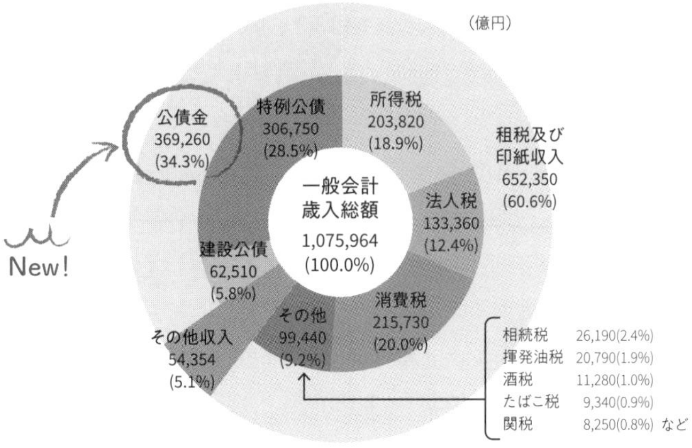

令和４年度一般会計歳入

※計数については、それぞれ四捨五入によっているので、端数において合計とは合致しないものがある。

いからだ。

太　それでもなんとかやっていけるのは、国債を買ってもらえているからだよね。

モ　そうだ。買ってもらえなくなったらおしまい。最終手段として日銀に直接買ってもらうという手もあるが、それがダメな理由は１章（p.34 ～ 35）で説明したとおりだ。

太　お金の価値が下がって、インフレ（物価上昇）が止まらなくなるからだよね。お金が足りないからといって単にお金を増やしてしまうと、お金の価値が下がって物価が上がってしまう。そこでまたお金を増やすとまた物価が上がってしまう……、という無限ループが発生する。

モ　そう。だから財政法５条で国債の直接引き受けが禁止されている。でも実際はそれに極めて近いことをやっている。次はそれを見てみよう。

■日銀でごまかす日本財政

モ　2章の冒頭で、アベノミクスとは要するに日銀が大量に国債を購入し、民間銀行（金融機関）の日銀当座預金に資金供給することだという説明はしたね。では実際にどれくらい日銀が国債を購入しているのか見てみよう。このグラフの上に出ている棒線が国債総買入額だ。図 3-8

図3-8 日銀はどれだけ国債を買っている?

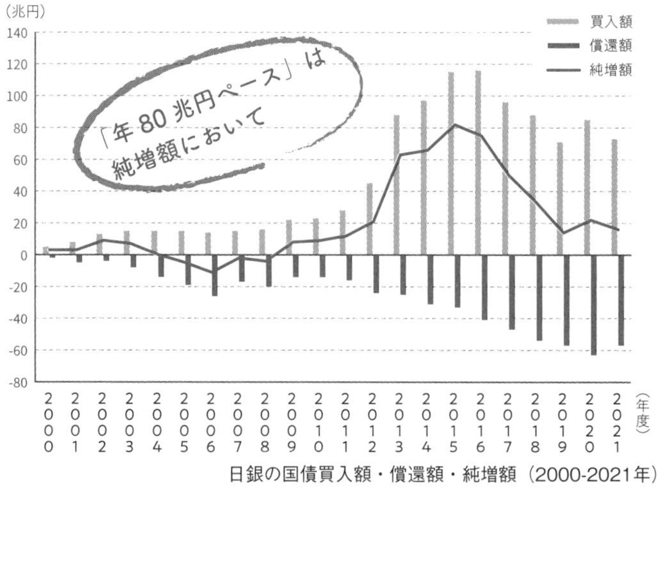

日銀の国債買入額・償還額・純増額（2000-2021年）

太　あれ、一番多いときで115.8兆円も購入しているよ。年80兆円のペースで買い入れるんじゃなかったの（p.44）。

モ　80兆円というのは、国債の償還で消える分を差し引いた「純増額」のことなんだ。純増額は折れ線グラフだよ。最も金額が高い2015年度でも81.8兆円になっているでしょ。

太　本当だ。国債の償還で消える分というのは、下に出ている棒グラフのことだね。でもちょっと分かりにくいからもっと詳しく説明して。

モ　OK。例えば、日銀がもともと保有している国債10兆円が満期を迎える場面を考えてみよう。日本政府はこの返済のため、借換債10兆円を新たに発行するとしよう。それを民間金融機関が購入する。そうすると、購入代金10兆円が、民間金融機関の日銀当座預金から、政府預金に移動する。

太　日銀当座預金が10兆円減るね。政府預金はマネタリーベースに含まれないから、つまり、マネタリーベースが10兆円減るということか。

モ　そうだ。ここで、日銀が民間金融機関から、10兆円分の国債を購入したとしよう。どうなるかな。

太　日銀から、購入代金10兆円が民間金融機関の日銀当座預金に入るね。だから、減った10兆円が元通りになる。

モ　そこへさらに日銀が10兆円分、民間金融機関から国債を追加購入したらどうなるかな。

太　民間金融機関の日銀当座預金が10兆円増える。

モ　日銀の総買入額は？

太　20兆円だね。でも、民間金融機関が借換債を購入するときに減った10兆円が差し引かれるから、マネタリーベースは差し引き10兆円しか増えない……。そういうことか。**償還で消える分は再度買ってあげないと、その分、民間銀行の日銀当座預金が減ってしまう**んだね。

モ　そう。だから日銀の国債総買入額は、純増額よりも大きくなる。この総買入額の方はあまり知られていない。ややこしい話なので、たいていの人は純増額が総買入額だと勘違いしているだろう。ではここで、国債総発行額に占める日銀総買入額の割合を見てみよう。図3-9

図3-9 国債総発行額に日銀が占める買入額の割合

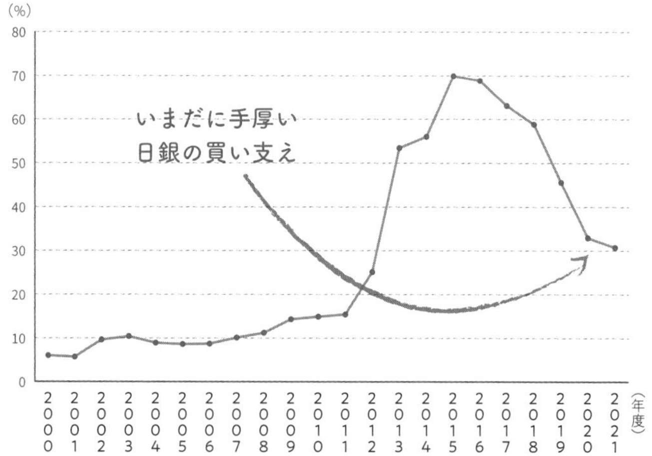

日銀総買入額／国債総発行額（2000-2021年）

太　一番多いときで70%もあったのか。そこから落ち続けているけど、それでも2021年度も30％以上買っているね。こんな状況で日銀が手を引いたらどうなるんだろうね。

■知るほどにリスキーな数値

モ　国債が大暴落する危険があるね。これは**金利と国債価格の関係**が分かれば理解できるよ。

　話を単純化するために、償還期限が1年の国債を前提に考えてみよう。国は、この国債を例えば「額面100円、表面利率[10]1％」という形で売りに出す。それに対し、国債を欲しい投資家（銀行や保険会社等）が購入価格を入札していく。そして、入札価格の高い順に国債が割り当てられていく。例えば、99円で落札できれば、99円を支払って「額面100円、表面利率1％」の国債を入手できる。国には99円が入る。この場合、投資家は最終的にいくら儲かるかな。

太　99円で購入して、1年後に101円が返ってくるんだから、最終的に2円儲かるね。

モ　そう。その**「儲かったお金」の「投入金額に対する割合」を利回りと言う**んだ。この例で言うと、利回りは2円÷99円＝約2％ということになる。

太　自分が払ったお金が最終的に何％増えるかってことね。利回りが2％だったら、投入したお金が2％増えて返ってくるね。

モ　そう。ところで、仮に額面100円、利息1％、償還期限1年の国債を80円で落札できたら、どうなる？

10　債権の額面に対して支払われる利息の割合のこと。

太　21円も儲かるね。利回りは約26%か。購入価格が安くなればなるほど、「額面＋利息」との差額が大きくなって儲けが大きくなるということだね。

モ　そう。そこが最も重要な点だ。つまり、**国債は、購入するときの価格が安くなればなるほど、利回りが上がり、その分儲けが増える**。最終的に手に入るお金との差額が増えるからね。逆に、購入するときの価格が高くなればなるほど、最終的に戻ってくるお金との差額が小さくなって儲けは減る。つまり利回りは下がる。

太　価格が下がると利回りが上がり、価格が上がると利回りが下がるのね。国債の価格と利回りは真逆に動くということか。どういうときに国債の価格が下がるの？

モ　例えば、国の借金返済能力が危うくなったときだ。国債を買っても本当に償還されるかどうか分からなくなるので、人気がなくなり、価格が下がる。そして、その分利回りは上昇する。

太　ハイリスク・ハイリターンになるということだね。

モ　そう。それが一番重要な点だ。さて、国債市場には、国債を発行する**「発行市場」**と、発行された国債を転売する**「流通市場」**がある。また、期間が1年以上の金融取り引きに適用される金利は**「長期金利」**と呼ばれるが、流通市場における新規発行（新発《しんぱつ》）10年国債の利回りが、長期金利の代表的な指標になっている。長期金利が上下すれば、だいたいそれに合わせて民間銀行の貸出金利も上下する。ニュースで「金利が上がる」と話しているときは、「長期金利」のことを意味していると思っていい。

さて、ではその長期金利の推移を見てみよう。図3-10

図3-10 ついにマイナスにまでなった金利

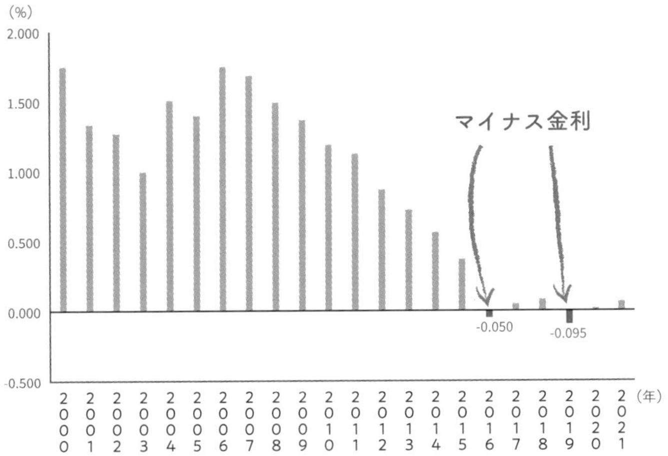

長期金利（年平均）（2000-2021年）

太　ずっと下落傾向だけど、2016年と2019年はマイナスになっているよ。これ、投資したお金が増えるどころか減るってことだよね。

モ　そう。金利がマイナスになるということは、異常に国債価格が高くなっているということだ。なぜそうなるかといえば、日銀が高い価格で買っているからだ。金利がマイナスなので、日銀は満期まで国債を保有していても、損失を被ることになる。

では発行市場の**表面利率**と、**応募者平均利回り**を見てみよ

う。ここでも異常な現象が起きている。図3-11

図3-11　一致するはずの表面利率と応募者平均利回りのズレ

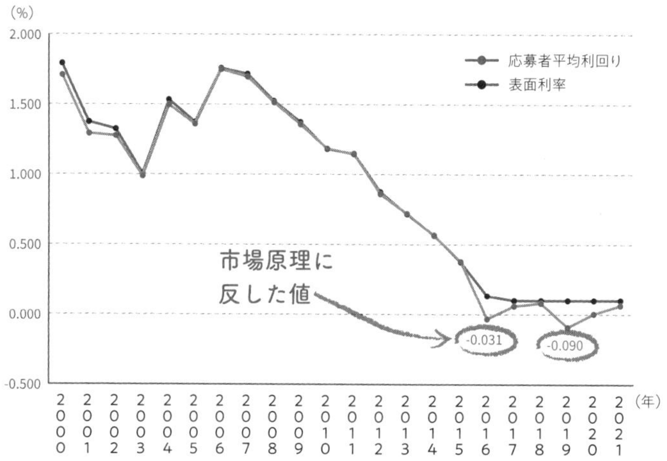

表面利率・応募者平均利回り（2000-2021年）

応募者平均利回りというのは、国債を落札した人が得る平均的な利回りのことだ。もし国債の額面と落札額が平均して同じなら、応募者平均利回りは表面利率と一致する。

太　表面利率は0.1で下げ止まっているけど、応募者平均利回りはそれよりも下で、2016年と2019年はマイナスになっているね。つまり、**発行される国債の額面と利息を合わせた額を上回る異常な高値で落札されているってこと……？**

モ　そうだ。損するから普通はそんな現象は起きない。ところが、この応募者平均利回りと、さっきの長期金利を比べてごらん。長期金利の方がわずかに低いだろう。2016年の応募者平均利回りはマイナス0.031だけど、同じ年の長期金利はそれよりさらに低いマイナス0.050だ。2019年も、応募者平均利回りはマイナス0.090だけど、長期金利はそれよりさらに低いマイナス0.095だ。

太　長期金利の方が低くなっているから、逆に債権価格は高いってことだよね。つまり、発行市場において異常な高値で落札された国債が、流通市場ではさらに高い価格で買い取られているということだね。

モ　そう。そんな経済的に不合理なことができるのは日銀しかいない。**市場原理に任せていれば起きるはずのない現象が、日銀の国債爆買いによって引き起こされている**んだ。さて、ここで何かのきっかけで長期金利、つまり流通市場における国債の利回りが上がった場合を想定してみよう。例えば、残存期間（償還までの期間）1年、額面100円、表面利率1%の国債の価格が暴落（つまり、利回りが急上昇）して、80円になったとしよう。利回りはいくらになるかな。

太　最終的に返ってくるお金の額が101円、それを80円で買えるんだから、儲けは21円。そうすると、利回りは約26%だね。

モ　うん。さて、流通市場がそんな状態のときに、新しく償還期限1年の国債を額面100円、表面利率1%で発行するとしよう。君ならいくらで入札する？

太　高くても80円だね。だって、流通市場で残存期間、額面、表面利率が同じ債券が80円で買えるんだから。それ以上の額は出す気にならない。

モ　そうだよね。でもそうすると、国としては、調達しようとする100円に20円足りない結果になる。つまり調達できるお金の額が減ってしまう。さてどうすればよいだろう？

太　表面利率を上げて流通市場の利回り以上になるようにすればいいと思う。つまり、表面利率を26%にすればいい。

モ　そうだね。それを100円で落札すれば利回りは26%だ。流通市場の債券と同等以上に儲かることになるから買い手がつくだろう。つまり、目的の100円で買ってもらえるということだ。

太　それは目的の金額を調達するには、流通市場の利回りと同じような表面利率にする必要があるということだね。

モ　そのとおり。ここで新発10年国債の表面利率と長期金利の推移を合わせて見てみよう。図3-12

太　2015年頃まではほぼ同じ動きだね。2016年以降は、表面利率が0.1で下げ止まっているのに対し、長期金利はそれ以上に下がり、2016年と2019年はマイナスにまでなっている。これはさっき言っていた日銀の国債爆買いの影響だね。

モ　そう。そして金利が異様に下がっているということは、逆に言うと、流通市場での国債の価格が高すぎるということだ。日銀が市場をゆがめて国債価格をつり上げている。

太　日銀がそれを止めれば、国債は暴落してしまうんじゃないかな。

モ　そうだね。もしそうなったら、表面利率はどうなるだろう。

太　急上昇するね。そうなると、日本政府が支払わなければ

図3-12 表面利率と長期金利の動きを見てみると…

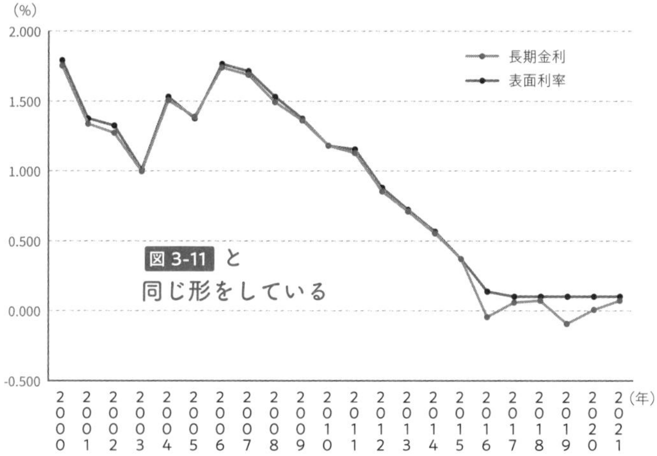

新発10年国債の表面利率と長期金利（2000-2021年）

ならない利息が増えるね。

モ　そう。今は日銀が国債価格をつり上げ、金利を低く抑え込んでいるせいで、利払費も少なく済んでいる。ここで、国の利払費と金利の推移を見てみよう。図3-13

太　金利が一貫して低くなっているね。そのおかげで、国債残高は急上昇しているのに、利払費が横ばいになってる。

モ　そう。このグラフで見ると国債残高は約1000兆円。金利が1%上がるだけで大事件だ。

　金利が上がると、古い国債が新しい金利の借換債にどんどん入れ替わっていき、そのうち全部が新しい金利の国債になる。財務省によると、今の国債の平均償還期限が9年3カ月くらいと言われているから、9年あればだいたい新しい金利

図3-13 金利を下げることで利払費を抑えている

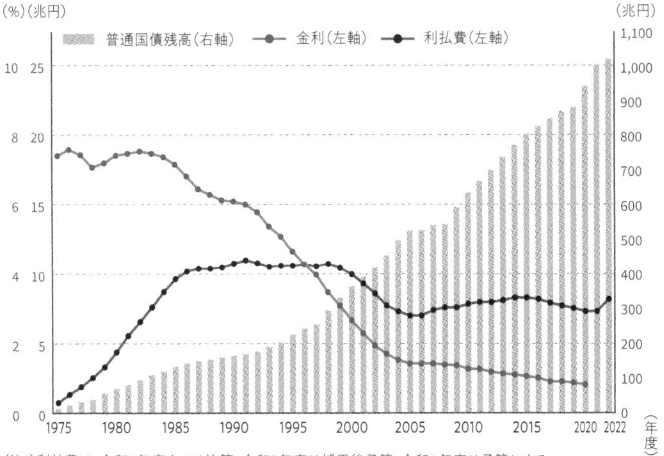

(注1)利払費は、令和2年度までは決算、令和3年度は補正後予算、令和4年度は予算による。
(注2)金利は、普通国債の利率加重平均の値を使用。
(注3)普通国債残高は各年度3月末現在高。ただし、令和3年度は補正後予算、令和4年度は予算に基づく見込み。

利払費と金利の推移(1975-2022年財務省)

に入れ替わるだろう。そうすると利払費が急増する。例えば、残高1000兆円を前提に、全部の国債の金利が今より1%上がったとすると、10兆円利払費が増える。

太　それは大変だ。ところで金利が低いのは日銀が国債爆買いを始める前からそうだよね。これはなんでだろう。

モ　2013年以降は日銀の国債爆買いの影響が大きいが、**それ以前は金融機関にとってほかに有力な投資先がなかったから**だ。日本の経済成長が頭打ちになり、お金を借りたいという需要が減ってしまった。かといって、金融機関はお金をそのまま持っていても増えないから、どこかに投資しないといけない。そこで、とりあえず国債に投資しておこう、国なら潰れないから安心だろう、とみんなが考えて、国債がたくさん購入された。たくさん購入されるということは、人気があるということだから、当然値段は上がり、その反面、金利は下がっていく。「みんなが買っているから自分も買う」という状態だったということだ。それが今は、「日銀が買っているから自分も買う」という状態になった。

太　日銀が手を引いたらおしまいだね。

モ　そう。そうなったら国債が暴落し、利払費が急増する。そして、前に説明したとおり、「60年償還ルール」により(p.100)、日本は借金の返済をほぼしていない。ほとんど全部借り換えているだけだ。当然、利払費だって借金でごまかしている。利払費が増えれば、それを支払うために国債の発行額を増大しないといけない。

太　そうやってどんどん借金が増えていけば、きちんと償還期限を守れるのか、投資家は不安になるよね。

モ　そうだ。そうなると国債の人気が下がる。人気が下がれば価格が下がる。それは逆に金利の上昇を意味する。金利が上がれば利払費が増える。利払費が増えればまた借金が増える。

太　つまり金利上昇→利払費増大→借金増大→国債の人気低迷→価格下落・金利上昇→利払費増大→借金増大……、という無限ループが発生するということだね。

モ　そうだ。そんな危ない状態になったら当然、円の価値は下がる。国債に対する信用と、通貨に対する信用は同じだからね。そうなれば、壊滅的な円安インフレに見舞われるだろう。

太　それをごまかすために、最後の手段として日銀に直接国債を引き受けさせたら、もっと事態を悪化させることになるんだよね。

モ　そう。そんなことをしたら際限なく円が増大し、その価値が下がっていくことが予想されるからね。

■大規模な財政出動がもたらすもの

モ　そして、**2022年は実際にかなり危険な状態になった。2020年から始まったコロナ禍により、経済活動が大きく停滞し、世界中でそれをカバーするための金融緩和と財政出動が大規模に実施された。その上にロシアによるウクライナ侵略が重なった。**

太　財政出動って何？

モ　**簡単に言えば国がお金を使うこと**だ。例えば公共事業で道路を造る。道路を造るにはお金が必要でしょ。その工事費用を国が民間業者に支払う。そうやってお金が世の中に回っていく。そして、国が借金をして**財政出動（財政支出）**する場合、マネーストックが増える効果がある。

太　マネーストックって、預金通貨や、実際に世の中に出回っているお金の総額のことだったよね（p.37）。どういう仕組みで増えるの。

モ　それでは、おさらいしてみよう。政府が借金で財政支出する場合を考えてみよう。流れはこうなる。まず国債が１兆円発行されるとしよう。これを銀行等が買うと、１兆円がその銀行の日銀当座預金から政府預金に移動する。つまり、マネタリーベースが１兆円減る。

そして、政府の財政支出により、１兆円がまた日銀当座預金に返ってきて、マネタリーベースが元に戻る。さらに、政府が財政支出したお金は、国民のうちの誰かへ最終的に支払われる。つまり、政府が１兆円支出すると、民間の預金の総額が１兆円増えるということだ。したがって、１兆円マネーストックが増える。マネタリーベースの額は変わらず、マネーストックだけが１兆円増えることになる。しかし、政府の側には国債発行による負債１兆円が残り、これは後で国民から税金を徴収して返済する。

太　もし税金で全部支出をまかなったとしたらどうなるのかな。

モ　その場合、１兆円徴税するので、マネーストックが１兆円減る。そして、日銀当座預金から政府預金へ１兆円が移動する。このとき、マネタリーベースも１兆円減る。しかし、１兆円財政支出すると、またそのお金が政府預金から銀行等の日銀当座預金に戻ってくるので、結局マネタリーベースは元に戻る。そして、政府から国民へ１兆円が支払われるので、預金が１兆円増え、マネーストックも元に戻る。

太　財政支出を全部税金で行う場合、全体を見ると、お金がぐるっと１周して戻ってきただけだね。マネタリーベースもマネーストックもそのまま。

モ　そう。そこが借金で行う場合との違いだ。**借金で財政支**

出をする場合、マネーストックが増える。ただ、それは後で国民に返済してもらうのが前提なのだが、返済しないで延々と借金を増やしていくと、マネーストックが増え続ける。

太　そしてそれが行きすぎると、今度はお金が増えすぎてその価値が下がってしまい、インフレが発生する、ということだね。

■お金と価値の交換比率が変わる？

モ　そう。結論として、**「財政出動（財政支出）するとお金が増える」**という点がポイントだ。ではここでまた復習だが、**金融緩和**はどうだったっけ？

太　お金が増えるよね。**金利を下げる→お金を借りやすくなるので借金が増える→預金通貨が増える**、という流れで、マネーストックが増加する。そうすると、財政支出も金融緩和も「お金が増える」という結果は同じだね。

モ　そうだ。そして、お金は価値が姿を変えたものに過ぎない。この「価値」とは、商品やサービス、そしてそれを生み出す「労働」のことだ。

　例えば、君が働いて20万円稼ぎ、20万円のテレビを買ったとしよう。このとき、君の労働という価値は、いったん20万円というお金に姿を変え、それがさらに20万円のテレビという価値に姿を変えたことになる。

太　同じように、僕が稼いだお金のうちから1万円払ってマッサージを受けた場合、僕の労働が1万円に姿を変え、さらにそれが１万円のマッサージというサービスに姿を変えた、ということだね。

モ　そう。お金を介して、君は労働という価値と、テレビやマッサージという価値を交換したことになる。このように**「価値の交換」を媒介するのがお金だ。人間の経済活動は、お金を介した無数の価値の交換で成立している。そして、「物価」とは、お金と価値の交換比率のことだ。例えば、20万円のテレビは、テレビと円の交換比率が１対20万ということ**だ。

　さて、コロナ禍やウクライナ侵略で経済が大きなダメージを受けるとどうなるだろう。

太　生み出される「価値」が少なくなってしまうね。

モ　そうだ。その状態でお金ばかり増やすとどうなるだろう。

太　お金と価値の交換比率が変わってしまう。生み出される価値は少なくなるのに、お金の方だけ増えてしまうからね。

モ　そう。それが**インフレ**だ。お金ばかり増やすと、お金１単位で交換できる価値の量が減ってしまう。だから、2022年になって、世界中でインフレが進行した。

太　それを抑え込むために、各国の中央銀行が金利を上げているんだね。

モ　そのとおりだ。金利を上げると借金がしづらくなる。つまり、信用創造の速度が落ちるので、お金が増えにくくなる。そうやってお金の価値が落ちるのを防ぐんだ。だが、世界の中央銀行が同じ動きを見せる中、日銀だけが頑なに金利を上げようとしなかった。

太　金利を上げるには、日銀が国債の爆買いを止めるか、止めないまでもペースを落とせばいいよね。日銀が爆買いで金利を抑えつけているだけなんだから。

モ　そう。だが、日銀が手を引くと国債の価格が暴落し、円も一緒に暴落する危険性がある。

太　じゃあ止められないね。他国の中央銀行が通貨の価値が落ちるのを食い止めようとしているのに、日銀だけが何もしなかったら、結局、円の価値が落ちてしまうね。**急激に円安が進行したのはそれが原因か**。

モ　そうだ。だが、日銀は円安を食い止めるため、2022年12月20日に奇策を公表した。**ちょっとだけ金利を上げたのだが、同時に、国債の購入量を増やした**んだ。具体的には、それまで長期金利0.25%を超えないように国債を買い入れて抑え込んでいたのだが、上限を0.5%まで引き上げた。これは「事実上の利上げ」と呼ばれているが、なぜ「事実上の」がつくかといえば、日銀の黒田東彦総裁が「利上げではない」と言っているからだ。しかし、実際に金利が上がったのだから、単に「利上げ」というべきだろう。

そして注目すべきはもう1つの点で、国債買入額を月間7.3兆円→9兆円程度に大幅増額し、各年限で更なる買入増額や指値オペを機動的に実施すると言ったことだ。指値オペとは、日銀があらかじめ決まった利回りで金融機関から国債を無制限に買い入れることだ。

太　それって、今までよりもさらに国債買い支えを強化するけど、ただ買うときの値段をちょっと下げたってだけだよね。金利と債権価格は逆に動くから、日銀が買入額を少し下げれば、金利は逆に少し上がる。

モ　そのとおりだ。単に買入額を縮小して金利上昇を容認するやり方だと、暴落する可能性がある。しかし、**買い支えしつつ、自分が買う値段を少し下げるだけだったら、暴落を抑えつつ、金利を上げることができる。これに為替市場が反応し、大幅に円高になった。**

太　よくそんな手を思いついたね。でも、そんなこといつまでも続けられるのかな。

モ　今回はうまくいったが、今後どうなるかは分からない。日銀は日本国債を大量保有しているので、金利が上がる、つまり、国債の価格が下がると、莫大な評価損が生じて、負債が資産を上回る**債務超過**という状態になる。普通の会社なら倒産だ。ただ、この債務超過の危険性に対し、「日銀では長期国債の評価方法について**償却原価法**を採用しているから、債務超過にならない」と反論されることがある。償却原価法というのは、取得原価と額面との差額を、償還期限までの間、毎期均等に償却する方法だ。

太　なんだかややこしいけど、要するに**長期国債について時価で評価していないから、市場における国債の時価の変動の影響は受けない**、って言いたいんだよね。

モ　そう。しかしそれは日銀の側の理屈に過ぎない。日銀が実際に債務超過になったときに、市場がそれをどう評価するかだ。これはなってみないと分からない。

太　ひょっとして、0.5％の金利が、ギリギリ債務超過にならないラインなのかな。

モ　そうかもしれないね。

太　それを超えたらどうなるか……。もし日銀の債務超過が円の信用に直結したら、円が暴落してしまうね。

モ　そうだね。それは実際にその状態にならないと分からないけど、日銀がその事態を恐れているのは確かだろう。

太　その根本原因って、結局国が借金しすぎたことだよね。それで国債の発行額がとんでもないことになり、日銀の買い支えがなくては維持できない状態になってしまった。

モ　そうだ。通常の手段で金利引き上げができている他国との大きな違いがその点だ。なぜそんな状態になってしまったのか、今度はその点について見てみよう。

■借金が増え続けてきた背景

モ　まず一般会計における歳出と税収、そして建設・特例国債発行額の推移を見てみよう。図3-14

モ　戦後、1965年度に特例国債が発行されるまでは、日本は無借金財政だった。1965年度に国債発行が必要になったのは、前年に東京で開催されたオリンピックの反動で不景気になり、税収が不足したからだ。ただ、この不足額は公共投資の額の範囲内に収まっていたから、建設国債として国債を発行することもできた。でも、**あえて特例国債として発行した。これには、国債の発行が異例であることを強調する意味**

図 3-14 歳出・税収と、国債の推移

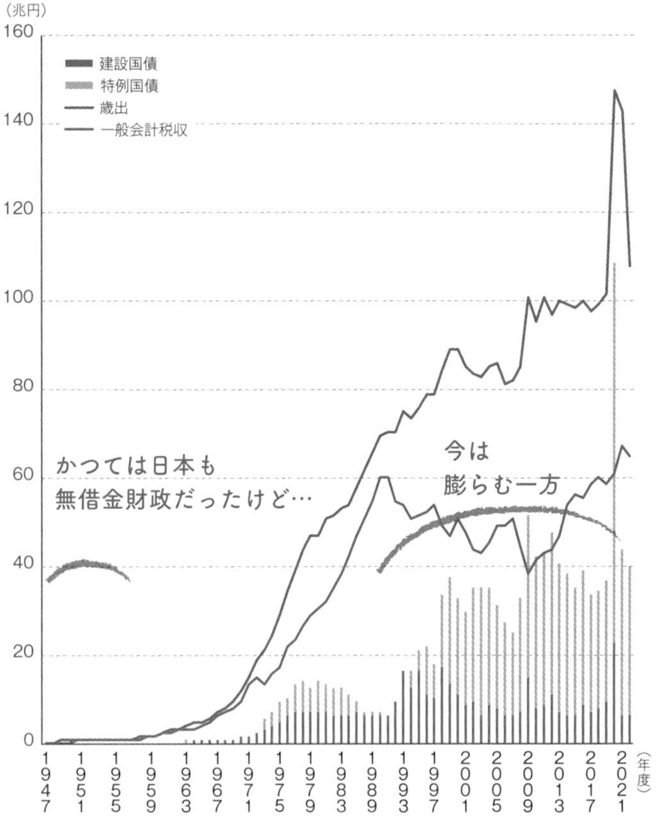

一般会計における歳出・税収・建設及び特例国債発行額の推移
(1947-2022年)

合いがあった。しかし、結局翌年度からほぼ毎年、建設国債が発行され続けることになった。

建設国債を発行するということは、それで調達したお金で

公共投資が行われるということだ。公共投資を増やせば新たな需要が生まれて、経済成長にもつながる。経済成長すれば自然と税収も増えるから、借りたお金はその増えた税収で十分に返せると考えたのだろうね。

ちなみに、1954年12月～1973年11月頃までは**高度経済成長期**と呼ばれていて、日本経済が一番成長した時期にあたる。この時期は、毎年のように減税していたが、経済成長率が高かったので、税収は増加していた。1965年度までは国債発行なしでやっていけたぐらいだからね。

太　その高度経済成長が終わった後の1975年度には、特例国債の発行が再開されているね。

モ　これには2つ要因がある。1つは**オイル・ショック（石油危機）**だ。1973年10月6日に始まった中東での戦争をきっかけに、中東の石油産出国がいっせいに石油の値段を上げた。石油は色々な輸送機械の燃料に使われるし、あらゆる商品の原材料でもある。だから、石油の値段が急激に上がれば、物価も当然急激に上昇する。石油が安く手に入ることが、日本だけではなく世界中の経済を支えていたのだが、この石油危機の影響で世界中の経済成長率が鈍化した。

なお、石油危機は1979年にも発生し、1回目ほどではないが、このときも急激に物価が上がった。ここで、消費者物価指数と物価上昇率の推移を見てみよう。図3-15

太　ひと桁台で推移していた物価上昇率が1973年度にいきなり16.1％に上がって、1974年度にはさらに22％に上がってる。こんなに上がると、給料が追いつかないね。

図3-15 高度経済成長期以降の物価上昇

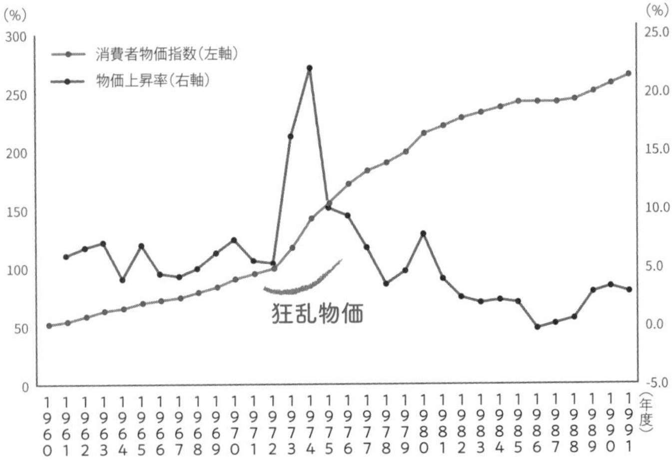

消費者物価指数と物価上昇率の推移（1960-1991年）
※消費者物価指数 1972 年度＝100

モ　そうだね。この急激な物価上昇は**「狂乱物価」**と呼ばれた。こんなに物価が上がってしまえば給料が追いつかなくなり、消費も停滞する。ここで当時のGDPの名目成長率と実質成長率を見てみよう。実質の方はより分かりやすいように棒グラフにする。**図3-16**

太　実質GDP成長率は、1974年度だけ棒グラフが下方向に出てるね。マイナス成長ってことだね。他方、名目GDP成長率の方は、同じ年度に18.6%も伸びている。

モ　名目GDPは単に物価が上昇するだけでも伸びるからね。でもそれは実態を表していない。だから実質GDPが重視される。このように実質的に経済成長できていないときは税収も足りなくなるから、増税が必要になる。でも、国民の生活

図3-16 その間の経済成長はというと…

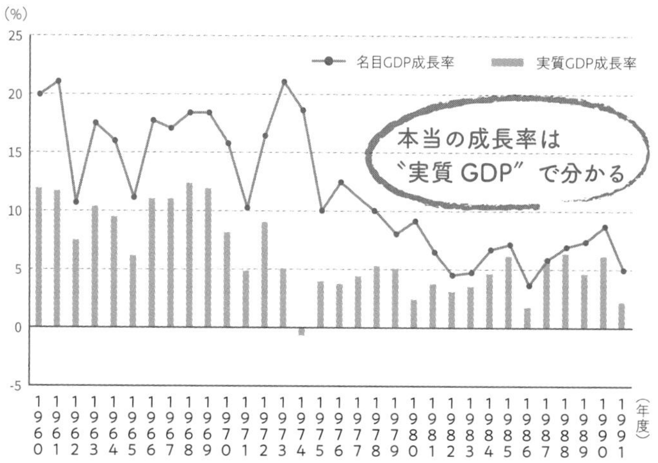

名目GDP成長率と実質GDP成長率（1960-1991年）

が苦しいときに増税ができると思うかい？

太　無理だね。誰もそんな政治家を支持しない。

モ　そう。だから**借金してその場しのぎをする**、という発想になる。さらにこの時期はまだ高度経済成長期のすぐ後だから、「また経済成長すれば取り返せる」という発想に至るのは当然ともいえるだろう。この石油危機に加え、もう1つの大きな要因が、**社会保障費の増大**だ。一般会計における社会保障関係費増加率と、社会保障関係費が占める割合の推移を見てみよう。図3-17

太　1973年度からの社会保障関係費増加率がすごいね。1973年度が30%を超えていて、1974年度なんか40%を超えている。1975年度も30%を超えているね。

図3-17 膨らんでいく社会保障費

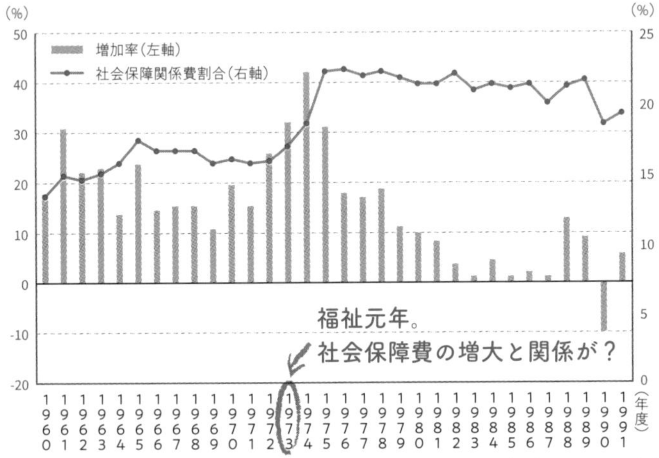

一般会計における社会保障関係費の増加率と割合の推移（1960-1991年）

モ　そう。1973～1975年度にかけて、3年度連続で一般会計における社会保障関係費上昇率が30%を超えている。こんな現象は後にも先にも発生していない。

これだけ社会保障費が上昇したのには、急激な物価上昇も影響している。物価が上がれば、それに合わせて社会保障費も上げていかないと追いつかないからね。

■その場しのぎの人気取りのツケ

モ　しかし、社会保障費が増えた原因は物価上昇だけではない。社会保障関係費の一般会計に占める割合が、1973年度あたりから急激に上昇していることがそれを示している。物価上昇だけなら、歳出全体が増大するだけで、割合は変わらないはずだ。つまり、物価の影響を除いても、社会保障費が急激に増えたことが分かる。

太　ほんとだ。1973年度から割合が上昇し始めて、1975年度には22%を超えているね。それまでは15%くらいだったのに。なんでこんなに上がったんだろう。

モ　**老人医療の無料化、医療保険における高額療養費制度、年金額の物価スライド制が導入されたことなどが影響している**。そうやって社会保障費が増大した背景には、東京都などの地方公共団体の首長選挙で、老人医療の無料化をうたう候補者が相次いで勝利するという現象が起きたことがある。危機感を抱いた自民党は選挙で勝つために社会保障費を増大した。**1973年は「福祉元年」とも言われている**。

太　でも、その社会保障費を賄うために必要な増税はしなかったんだね。

モ　そうだ。国民の反発を招くと選挙に負けるからね。1975年度から特例国債の発行が再開されたのはその影響だ。そして石油危機後の景気対策のため、建設国債の発行も増えていった。そうやって税収と歳出の差がどんどん開いていく状況に危機感を抱いた自民党は、1979年に消費税を導入しようとしたのだが、国民の猛烈な反対に遭い、その年にあった衆議院議員選挙中に導入断念を表明した。自民党はその選挙で大幅に議席を減らした。

太　増税をしなかった影響が図3-14のグラフを見ると分かるね。税収は増えているけどそれ以上に歳出が拡大しているから、1975～1985年度ぐらいまでは差が膨らんでいる。でも、1986年度から1990年度までは差が一時的に縮まっているよ。これはなぜだろう。

モ　それは1章で説明したバブルの影響だ（p.20）。バブルの好景気で税収が一時的に増えたから、税収と歳出との差が縮まり、国債の発行額も抑えることができた。しかし、バブルが崩壊してしまったあとは、景気対策のため減税するとともに、国債の発行額もまた増えた。だから、税収と歳出の差が開き続ける**「ワニの口」**と言われる現象が発生した。まず、どれだけ減税がされていったか、税制改正をしなかった場合の所得税・法人税の推計値と、実績値を比較したグラフを見てみよう。**図3-18**

図3-18 減税によって失われた税収は?

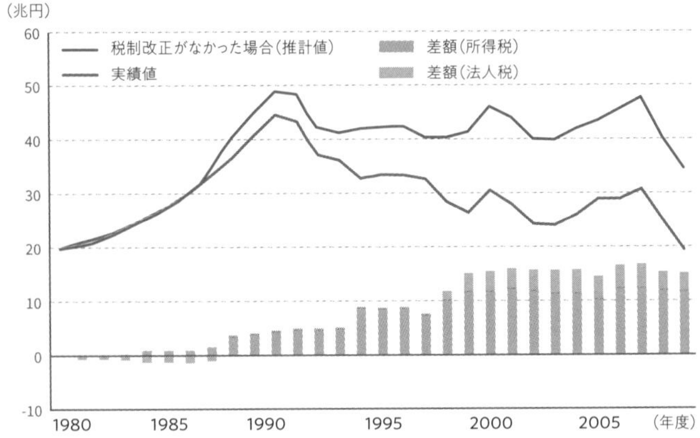

税制改正の影響を除いた税収（所得税・法人税内閣府）

太　バブル崩壊前から所得税と法人税の減税が始まっているけど、崩壊後からだんだん差が大きくなって、こちらもワニの口みたいになっているね。とくに所得税減税の影響が大きい。1999年度以降は改正しなかった場合との差額が10兆円以上になっている。

モ　そう。**法人税の減税が強調されることが多いが、本当は所得税減税の影響の方がはるかに大きい**。

ところで、消費税導入以降の消費税収と、法人税の減収額が比較されたグラフをもって「法人税減税の穴埋めに消費税が使われた」と言われることも多い。

こんなグラフを見たことがないかい？　これは法人税収が史上最高の19兆円を記録した1989年度を起点にした法人税収の減収額と、消費税収を比較したものだ。図3-19

太　見たことある。消費税収が法人税減収額を穴埋めしているように見えるグラフだよね。

モ　でもこれと似たようなグラフは所得税でもつくれるんだよ。所得税収が史上最高を記録したのは1991年度の26.7兆円。ここを起点にした所得税の減収額と消費税収を並べてみるとこうなる。図3-20

太　あれ。そっくりだ。というか所得税の方が、法人税より減収幅が大きいね。

モ　そう。そして法人税、所得税いずれの減収も、減税だけではなく、景気後退も影響しているのがポイントだ。だから、**減収の原因のすべてを減税に負わせるのは大変なミスリード**なんだ。景気後退による減収と、減税による減収を混

図 3-19 「法人税減税のために消費税が…!」の図

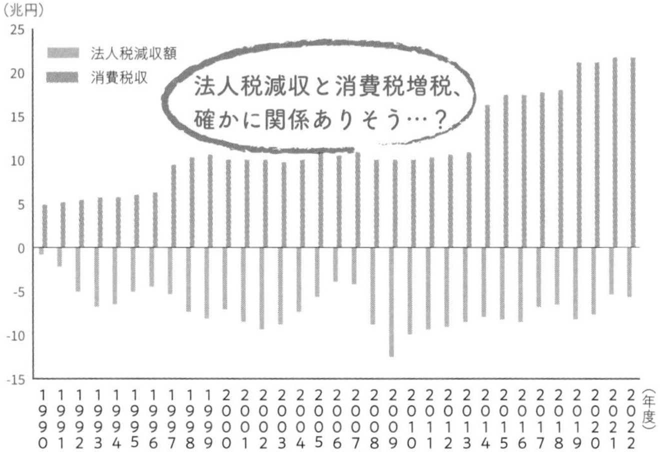

法人税減収額（1989年度比）と消費税収（1990-2022年）

図 3-20 法人税を所得税に置き換えてみると

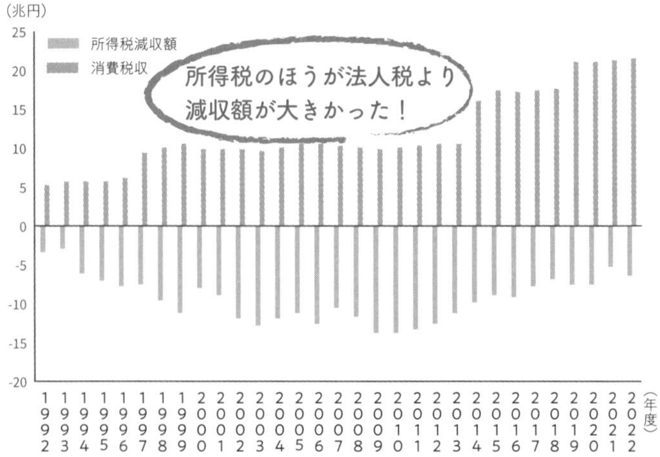

所得税減収額（1991年度比）と消費税収（1992-2022年）

同してはいけない。本当に減税の影響のみを考えるのであれば、さっき見た内閣府作成のグラフ（図3-18）が一番正確なのだが、あまり知られていない。そして法人税の減税ばかり強調され、はるかに影響の大きい所得税の減税については全然触れられない。

■加速する国債発行

モ　では次に、1980年代以降の建設国債と特例国債の発行額の推移を詳しく見てみよう。図3-21

図3-21 かさんでいく建設国債・特例国債

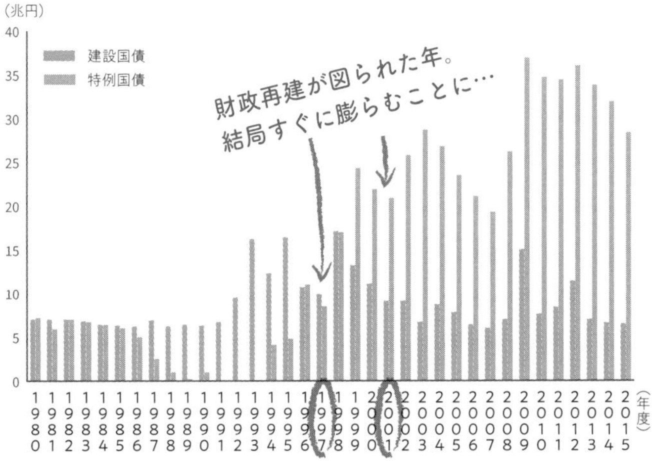

建設国債・特例国債発行額（1980-2015年）

太　1991～1993年度は特例国債なしでやっていけてたのに、

1994年度からまた復活しているね。そしてこの時期は、建設国債の伸びがすごい。1992年度から上がり始めて、1993年度からは4年度連続で10兆円以上発行している。それまでは一度も10兆円を超えたことがなかったのに。

モ　そうだ。減税と不景気で税収が減る一方、こうやって建設国債の発行額を増やし、公共投資によって景気回復を図った。「経済成長すればなんとかなる」という発想だ。だが、思うように経済成長できず、借金が膨らむ一方だったので、政府は危機感を抱いた。そこで、1996年度から1997年度にかけては、国債発行額が抑え込まれた。とくに1997年度には、橋本龍太郎総理大臣の下、財政を改善させるため、「財政構造改革の推進に関する特別措置法」を成立させて、財政再建に舵を切った。2003年度までに特例国債の発行額をゼロにする、といった目標が設定されたんだ。

しかし、同じ1997年に金融危機が発生して不景気になったから、その目標を撤回し、1998年度にはあわててまた公共投資を大幅に増やし、それに伴って建設国債の発行額も増えた。だが、やはりこのままではまずいということになり、2001年に小泉純一郎が総理大臣に就任してから、国債発行額を年30兆円以下に抑えることが目標にされた。在任中に二度、この目標が達成されている。**この目標達成のために、建設国債の発行額が削減され、それに伴い、公共投資も減らされていった。この公共投資削減路線は、小泉総理退任後も継続され、2009年に民主党政権になってからも継続された。**この削減が行われなければ、現時点での国債発行残高はもっと増えていただろう。

太　さっきのグラフを見ると、1998年度に建設国債の発行額が大幅に増額されてからは、だんだん減らされていくのが分かるね。他方、それと入れ替わるように特例国債の発行額が急増し、2003年度にピークを迎えた後、2007年度までは下がっている。

モ　うん。ではここで、国土保全及び開発費（建設国債に関係）と社会保障関係費（特例国債に関係）の合計額の推移を見てみよう。図3-22

図3-22　膨らむ社会保障と削られる公共投資

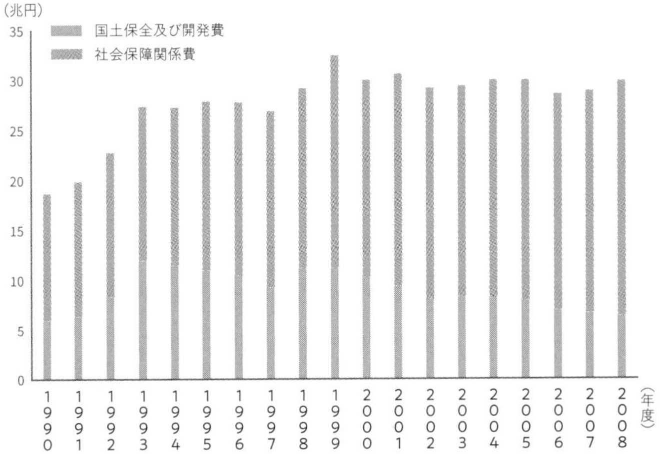

国土保全及び開発費＋社会保障関係費（1990-2008年）

太　ほとんど横ばいだね。1999年度に30兆円を大きく超えたけど、その後はだいたい30兆円以内に抑え込まれている。

モ　**社会保障費を削るのは難しいから、公共投資を削って支出を抑え込んだ**ということだ。だからなんとか横ばいを保っている。これをやっていなかったら、現在の財政はもっと悪化している。だが、公共投資で成り立っていた業界は大きなダメージを受けた。

■リーマン・ショックの打撃

モ　とはいえ、2007年度までは経済は緩やかな回復状態にあったんだ。しかし、2008年に**リーマン・ショック**が起きて、また不景気に逆戻りした。

　リーマン・ショックというのは、2008年9月15日にアメリカの投資銀行リーマン・ブラザーズ・ホールディングスが経営破綻したことをきっかけにして、連鎖的に世界規模の金融危機が発生した出来事を言う。この金融危機の原因は、アメリカの住宅バブルが弾けたことにある。

太　つまり、お金を「貸しすぎ」の状態になってバブルが生まれ、それが弾けたということだね。

モ　そう。バブルを発生させた要因が**「サブプライムローン」**という住宅ローンだ。サブプライム（subprime）というのは、金融機関にとって優良客でない低所得者層のことを指す。要するに、お金を貸しても返ってこない危険性の高い人たちを対象とした住宅ローンのことだ。このサブプライムローンが証券化されてほかの金融商品と組み合わされ、たくさん売られた。

証券というのは、ざっくりいえば、「それを持っていると定期的にお金がもらえる券」のことだ。例えば、株券は、それを持っていると、会社が儲けたお金から配当がもらえる。国債もそうだ。国債を持っていれば定期的に元本の一部と利息というお金がもらえる。

太　じゃあサブプライムローン証券も、それを持っていると元本の一部と利息の支払いを定期的に受けられる券ということかな。

モ　そう。そして、その大本になっているのが、サブプライム層に対する住宅ローンだ。サブプライム層に対してお金を貸し付けた住宅ローン会社は、償還時には元本と利息というお金をもらう権利を持っている。この「お金をもらう権利」を、証券という形にして売り出したのがサブプライムローン証券だ。

このサブプライムローン証券は、１つの住宅ローンだけじゃなくて、ほかの住宅ローンや、それ以外の金融商品とも色々と組み合わせて販売された。こうやって色々組み合わせることにより、総合的に「リスクの低い証券」であると評価されたんだ。そして、利回りが高く、儲かる商品だった。

太　仮に元になる住宅ローン債務者が１人返済できなくなったとしても、ほかでカバーできるからリスクが低いということか。でも、返済能力の低い人たちに対する貸し付けをたくさん組み合わせたところでリスクは低くならない気がするけど。

モ　振り返ればそのとおりなんだが、当時はほとんどの人が疑問に思わなかった。**そういった証券の信用性を格付けする会社が、サブプライムローン証券に高い評価をつけていたからだ**。住宅ローン会社としては、とにかくたくさん住宅ローンを組ませてそれを証券化し、売れば儲かることになる。

太　それで「貸しすぎ」の状態が発生し、そのお金がまた不動産に流れて、不動産価格が本来あるべき価格より上がりすぎてしまったんだね。

モ　そう。日本のバブルと同じ、土地ころがしのような現象が起きた。だが、住宅価格が2007年夏頃から下がり始め、借金を返せない人が増えていった。それでサブプライムローン証券の価格は暴落し、関連の金融商品の価格も暴落した。

そして、それらの商品売買に関係していたアメリカの金融機関は軒並み大損害を受けた。その影響は世界に波及し、大不況が訪れた。

太　国が違っても、人間のやることは同じなんだね。

モ　うん。そして、このリーマン・ショックからの回復途上の2011年に東日本大震災が発生し、日本はまた税収の減少と国債発行増大に苦しむことになった。さらに、2020年からコロナ禍が発生し、国債発行額は異次元のレベルとなった。借換債を含む国債総発行額で言えば、2020年度は250兆円を超えた。その後も、3年度連続で200兆円超えの状態が続いている。

太　そして**その超大量の国債消化を支えているのが日銀で、もう日銀なしでは財政を支えられる状況にない**ということだね。

モ　そう。その根本原因は、**本当は増税しないといけないのに、選挙に勝つことを最優先して、歴代政権が嫌なことを後回しにしてきた点**にある。

太　そうは言っても、僕だって生活が苦しいし、「増税する」と言う人はやっぱり支持しにくいな。

モ　なるほど、では次から、太郎の生活が苦しいのは本当に税金のせいなのか、詳しく見ていこう。

僕らの
貧富と税の関係

4
章

■「税が重いから苦しい」って本当?

モ　まず、**所得税**、**消費税**、**法人税**の基幹3税について、日本を含めた先進国の税収を対名目GDP比で表したグラフを見てみよう。これは2020年のOECDのデータだ。図4-1 図4-2 図4-3

太　所得税収が38カ国中25位、消費税収はもっと低い29位、法人税収は7位か。日本は所得税と消費税が低くて、法人税が高いんだね。**バブル崩壊後の所得税減税と、消費税を増税してこなかった影響がはっきり表れている**ね。

モ　そう。この基幹3税の税収合計も見てみよう。図4-4

図4-1 世界と比べた日本の所得税収

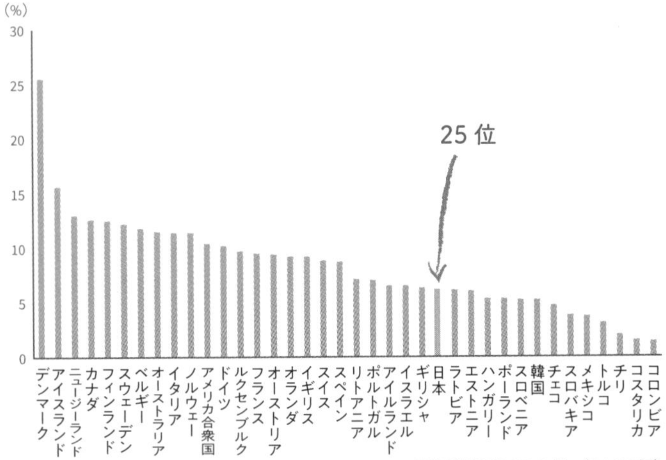

所得税収対GDP比（2020年）

図4-2 世界と比べた日本の消費税収

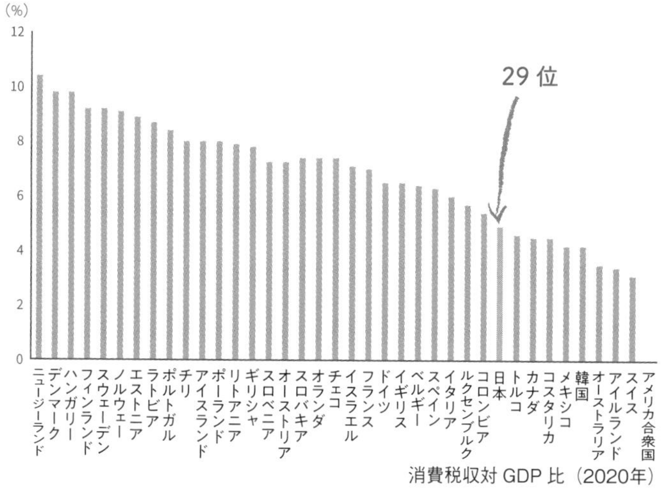

図4-3 世界と比べた日本の法人税収

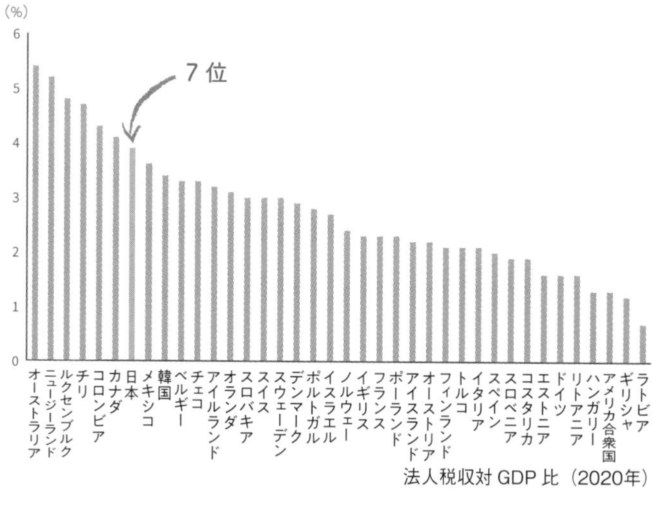

図4-4 3つの税を合計してみると

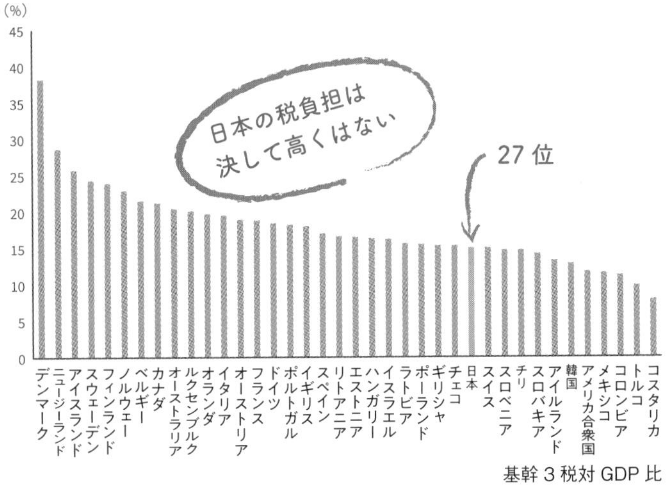

太　38カ国中27位。**日本は他の先進国と比べると租税負担が軽い**んだね。なんだか信じられないな。

モ　そうだ。ところで、「日本経済が低迷しているのは消費税のせい」と主張する人がいる。それが本当であれば、消費税負担の高い国、例えばさっきのグラフで見た消費税収対GDP比上位10カ国の経済成長率は、日本より低くなってないとおかしいね。では本当にそうなっているのか、コロナ禍前の2019年までのデータで見てみよう。まずは名目GDP。なお、1996年を100とする指数だ。図4-5

太　日本はダントツでビリだね。104.2だから、1996年と比べて4.2%しか成長していない。一番伸びているのはエストニアで754.5。日本の次に伸びていないデンマークでも212.4

図4-5 消費税が高い10カ国の名目GDPを比較すると

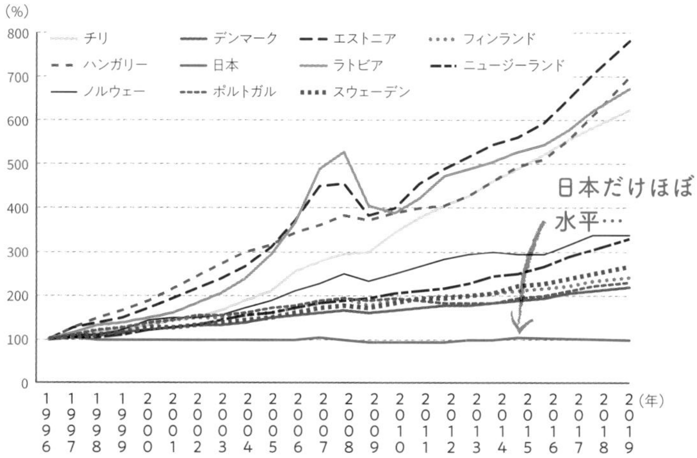

消費税収対GDP比上位10カ国との名目GDP比較（1996-2019年）
※1996年＝100

だから、2倍以上になっている。

モ　そうだね。ちなみにデンマークの消費税には軽減税率がなく一律25%だ。では次に実質GDPを見てみよう。**図4-6**

太　名目よりは差が縮まっているけど、やっぱり日本がビリだね。2019年当時で117だから17%しか伸びていない。1位のエストニアは249.9。日本の次に伸びていないポルトガルでも135.7。

モ　「消費税が重いから経済が停滞している」というのが間違いだということがよく分かったと思う。でもそれなら日本と世界の国々との間に、なぜこんなに違いが出るのか。答えは**賃金**だ。チリのデータが欠けているので、それ以外の消費税収対名目GDP比の上位9カ国と日本の名目賃金を比較し

図4-6 消費税が高い国の実質GDP

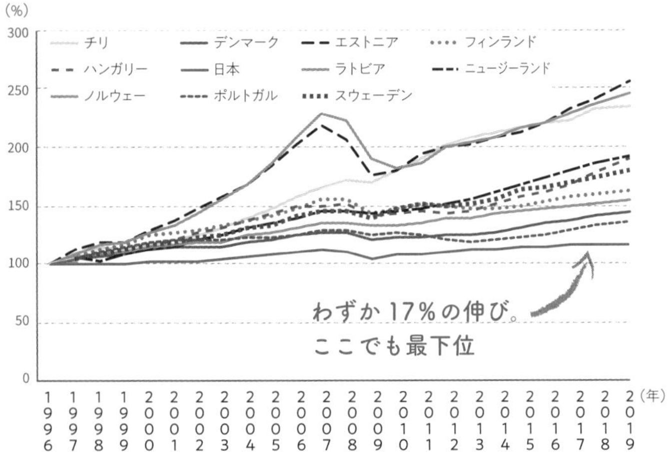

消費税収対 GDP 比上位 10 カ国との実質 GDP 比較（1996-2019年）
※1996 年＝100

てみよう。これも 1996 年を 100 とする指数だ。図 4-7

太　2019 年時点で、日本だけ 1996 年より下の 95.1。一番伸びてるのはエストニアで 734.2。日本の次に伸びてないのはポルトガルで 176.6。日本は他の国と比較にならないね。

モ　次に実質賃金を見てみよう。図 4-8

太　名目賃金より差は縮まったけどやはり日本はビリで 101.3。一番伸びているのはエストニアで 304.2。日本の次に伸びていないのはポルトガルで 109.3。

モ　これで、消費税負担が重くても、賃金が上がっていれば経済成長するということが分かるだろう。**重要なのは賃金だ。「悪いのは消費税」という主張は、事実に反するうえ、「賃金低迷」という真の経済停滞要因を隠してしまう。**

図4-7 同じく消費税が高い国の名目賃金を比較

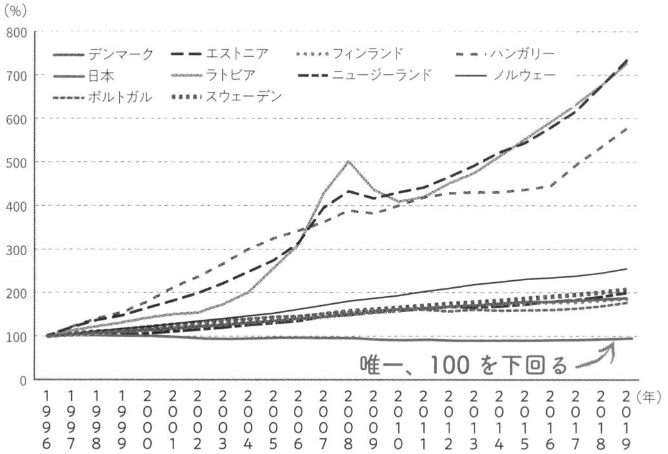

消費税収対GDP比上位9カ国との名目賃金比較(1996-2019年)※1996年＝100

図4-8 消費税が高い国の実質賃金

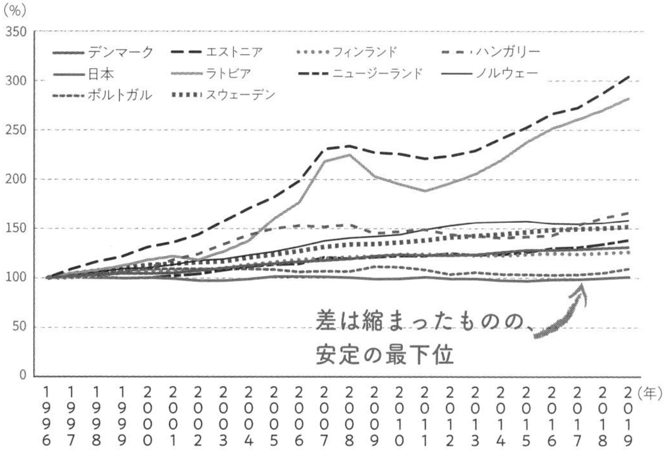

消費税収対GDP比上位9カ国との実質賃金比較 (1996-2019年)※1996年＝100

太　そうだね。日本よりはるかに消費税負担の重い国が、日本より経済成長しているんだから、賃金に目を向けるべきだね。

モ　では、次に社会保険料も加味した国民負担率（租税負担率＋社会保障負担率）を国際比較した資料を財務省が作成しているので、それも見てみよう。なおこちらはそろったデータが36カ国分なので、その中での比較になる。主に2019年のデータで作成されている。図4-9

図4-9 世界と比べて日本の国民負担は大きいか

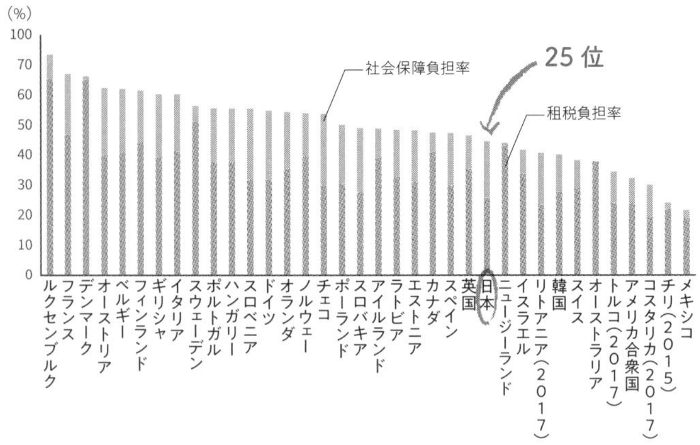

(注)OECD加盟国38カ国中36カ国の実績値。コロンビア及びアイスランドについては、国民所得の計数が取得できないため掲載したいない。
(注2)括弧内の数字は、対GDP比の国民負担率。
出典：(日本)内閣府「国民経済計算」等　(諸外国)：OECD“National Accounts”, “Revenue Statistics”

国民負担率の国際比較（OECD加盟36カ国、2019年）

太　日本は36カ国中25位か。社会保険料を加味しても負担は軽いんだね。

モ　では次に対名目GDPの公的社会支出の国際比較を見てみよう。公的社会支出は、公的な収入である税と反対の立ち位置になる。なお、データの欠落が少ないのが2017年なので、2017年のデータで見てみる。これは37カ国での比較になる。図4-10

図4-10 世界と比べた日本の公的社会支出の大きさ

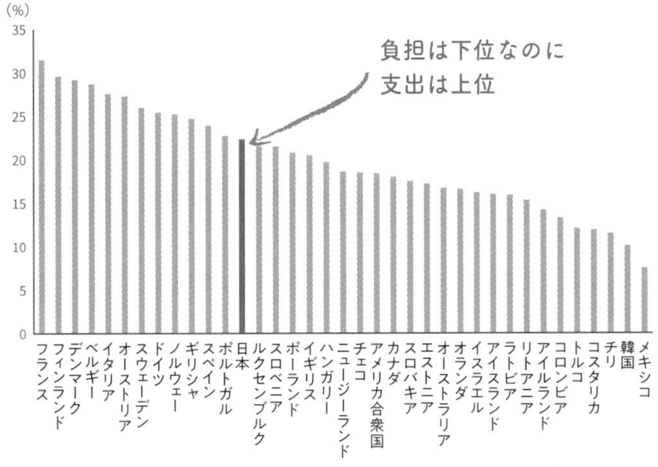

公的社会支出対GDP比（2017年）

太　ここでは日本は37カ国中13位か。負担面では下位なのに、支出面では上位なのね。

■「今」が「将来の価値」を奪っている

モ　そう。**負担と支出のレベルが合っていない。**そのギャップを借金で埋めているんだ。次に対名目 GDP 比の政府総債務残高を見てみよう。この数値は要するに各国の借金の大きさを示している。図 4-11

図 4-11 国の借金の大きさを世界と比較

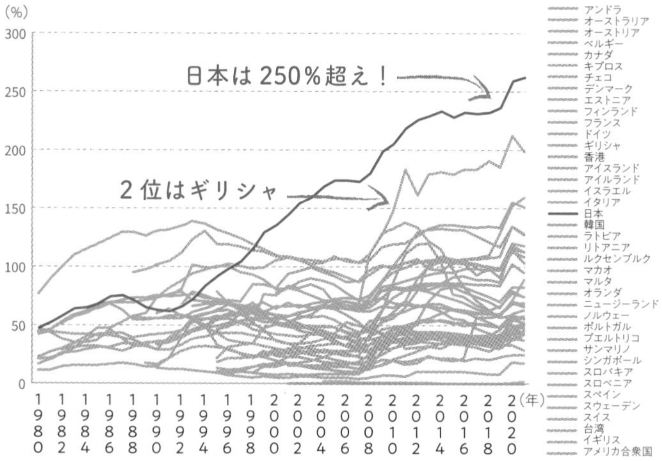

政府総債務残高対 GDP 比（1980-2020年）

太　日本だけ全然違うね。世界で唯一 250％を超えている。

モ　そう。負担から逃げ、借金でごまかしてきた結果がこれだ。そして借金は現在価値と将来価値の交換だ。太郎、例えば君が 1 年後に返す約束で、100 万円を金利 5％で借りたとする。君は元利合計 105 万円をどうやって返済するかな。

太　働いて得た給料で返すと思う。

モ　そうだね。そうすると、君は、「現在の 100 万円」と

「将来の105万円分の労働」を交換したことにならないかい？

太　確かにそうなるね。

モ　経済は無数の「価値の交換」で成立していると前に言ったね（p.124）。その**交換対象になる「価値」について、将来のものまで含めることを可能にするのが「借金」**なんだ。そして、視点を変えると、現在の自分が将来の自分から価値を奪うのと同じことになる。

太　確かに。将来の僕から100万円もらうのと、100万円借りて将来の僕がそれを返済するのは、利息分を除くと同じ結果になるね。いずれも将来の僕は100万円を失う結果になる。

モ　そう。だから、**今日本がやっている特大の借金は、将来の国民からお金を奪っているのと同じだ**。

太　そうなんだ！　じゃあどうすればいい？　思いっきり増税すればいいの？　でもそんなこと誰も受け入れないよ。今はただでさえみんな苦しい生活をしているのに。

モ　そうだね。**増税をするには国民の税を負担できる能力も上がっていないといけないが、日本は賃金が物価上昇に全然追いついていない**。こんな状況で増税を口にしたら国民は猛反発だろう。

　では、なぜ賃金が上がらないのか、次の章はそれについて見てみよう。

日本で人らしく働くためには

5章

■働きすぎがもたらす弊害

モ　まずは日本人がどれくらい働いているのか、総実労働時間の推移を見てみよう。**図 5-1**

図 5-1 日本人の労働時間は減ってきた?

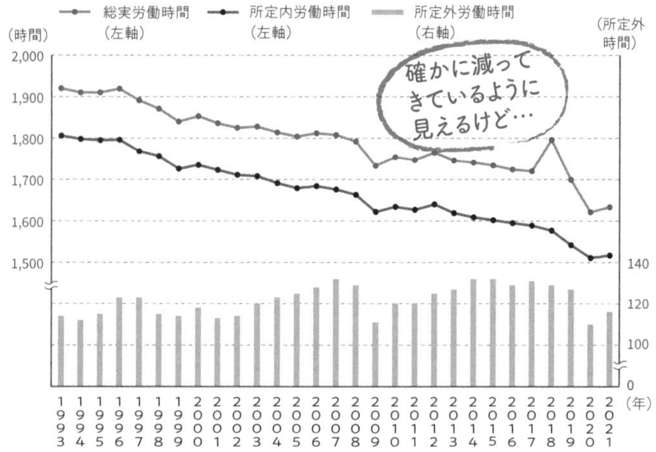

年間総実労働時間の推移（1993-2021年）※パートタイム労働者を含む

太　ずっと減少傾向が続いていて、コロナ禍が始まった2020年にがくんと落ちてるね。所定外労働時間は110時間で、このグラフの範囲内では最低の値になっている。

モ　そう。ただ、この減少傾向は労働時間の短いパートタイム労働者を含んだものだ。パートタイム労働者を除いた値を見てみよう。**図 5-2**

図 5-2　フルタイムとパートタイムで分けた労働時間の推移

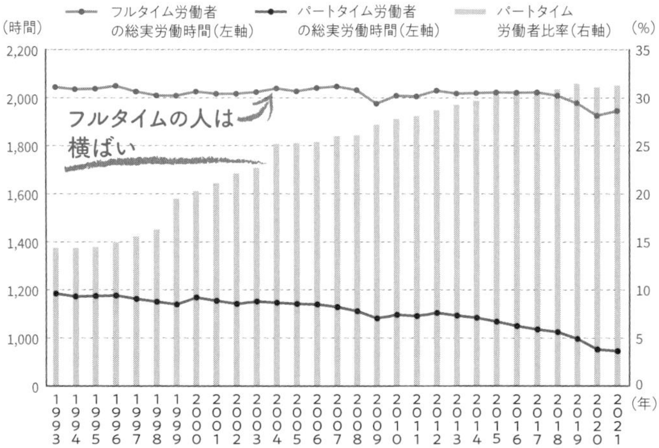

就業形態別年間総実労働時間及びパートタイム労働者比率の推移
(1993-2021年)

太　パートタイム労働者を除くと、労働時間はほとんど横ばいだね。コロナ禍以降は大きく下がっているけど。

モ　そうだね。そしてパートタイム労働者の比率が上がっているのが分かる。1993年は14.4%だったのが、2021年には31.3%と、倍以上になっている。こうやってパートタイム労働者が増えたから、労働時間の平均値を出すと下がっているように見える。でも、**正社員が大半を占めるフルタイム労働者だけを見てみると、労働時間は減ってはいない**。では次に、国際的な比較を見てみよう。**図 5-3**

太　日本は、ドイツ、フランス、イギリスより顕著に労働時間が長いね。日本より長いのはアメリカと韓国か。韓国って

図 5-3 労働時間の国際的な比較

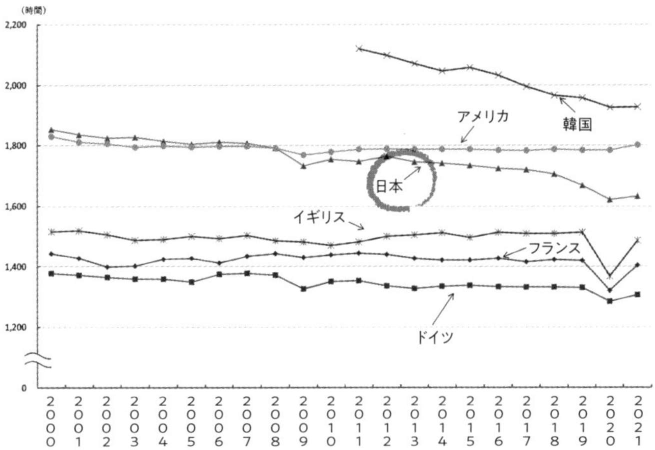

諸外国における年平均労働時間の推移（2000-2023年、厚生労働省）

すごく長時間労働なんだね。でもだんだん短くなってきてはいる。アメリカは全然下がっていないね。コロナ禍以降も増えているぐらい。日本より長時間労働なんだ。

モ　そうだね。では週49時間以上労働する労働者の割合の国際比較も見てみよう。図 5-4

太　この図を見ると、日本より上にいるのは韓国だけだね。日本の週49時間以上労働者の割合はドイツの倍以上だね。

モ　そう。国際的に比較して、日本の労働時間は非常に長いことが分かるだろう。そして、実態はもっとひどい。君も**サービス残業**という言葉は聞いたことあるだろう。

太　あるよ。残業代をもらわないで残業（時間外労働）することだよね。

図5-4 長時間労働者の国際的な比較

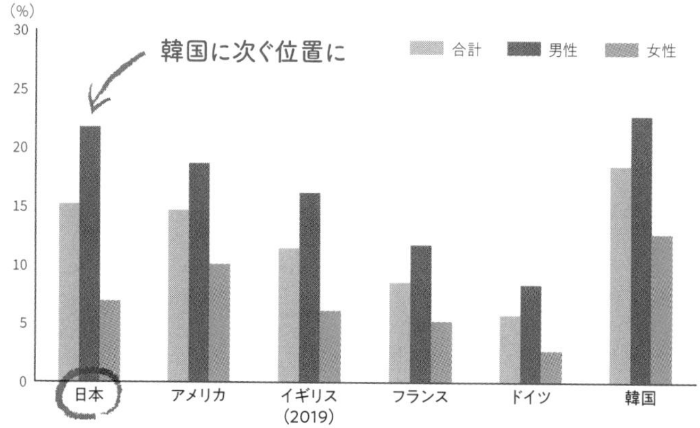

諸外国における「週労働時間が49時間以上の者」の割合（2021年）

モ　そう。残業代不払いは犯罪なのだが（「六箇月以下の懲役又は三十万円以下の罰金」。労働基準法119条）、日本ではそれが横行している。サービス残業をさせている企業がそれを統計調査に対して素直に申告するはずがない。だから、労働時間の統計にはそれが表れない。したがって、本当はもっと長時間労働であると考えた方が適切だ。

次に、**労災（労働災害）**に目を向けてみようか。労災とは、業務のために起こる災害、つまり事故や疾病のことだね。ここでは、脳・心臓疾患に係る労災請求件数と、支給決定件数の推移を見てみよう。**図5-5** **図5-6**

太　請求件数は、コロナ禍以降に急減したけど、それまでは増加傾向にあったんだね。直近2021年度の請求件数は753件、支給決定は172件で、うち死亡が57件。単純に請求件

図5-5 脳・心臓疾患の労災請求件数

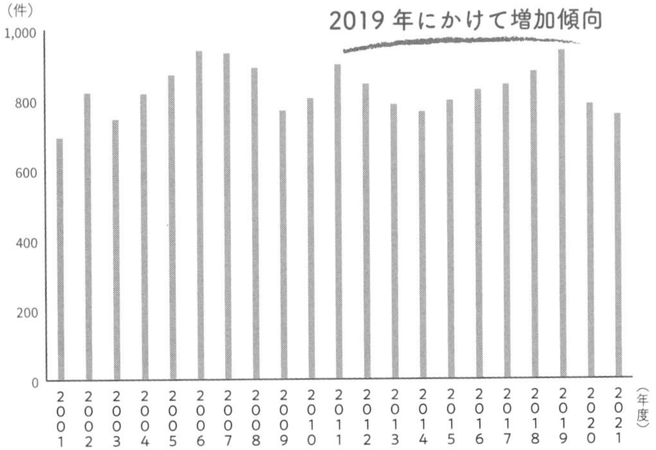

脳・心臓疾患に係る労災請求件数の推移（2001-2021年）

図5-6 脳・心臓疾患の労災請求に対する支給決定件数

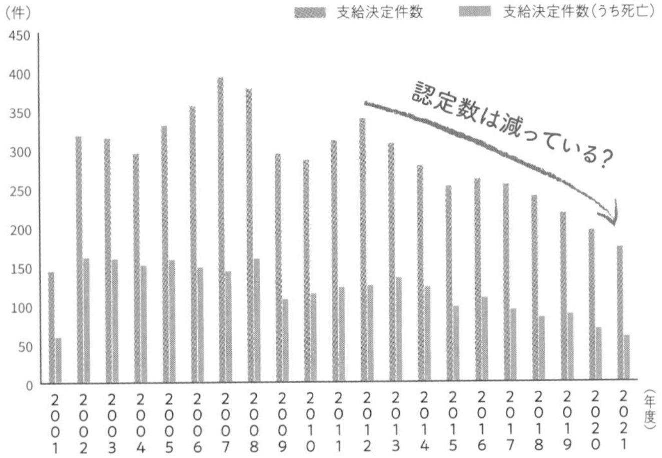

脳・心臓疾患に係る労災支給決定（認定）件数の推移（2001-2021年）

数に対する支給決定件数の割合を出してみると、約23％か。なんだか**請求件数に比べて支給決定件数が減っている**ように見えるね。例えば最も支給決定件数が多かった2007年度は392件、同年の請求件数が931件だから、請求件数に対する支給決定件数の割合は約42％。2021年度と比べると倍近くあるよ。

モ　そうだね。だんだん認定を厳しくしていっているように見える。では次に精神障害に係る労災請求件数と支給決定件数の推移について見てみよう。図5-7 図5-8

太　こっちはコロナ禍以降も増加しているね。支給決定件数の方も増えている。直近2021年度は請求件数が2346件、支給決定件数が629件、うち未遂含む自殺が79件か。こちら

図5-7　**精神障害の労災請求件数**

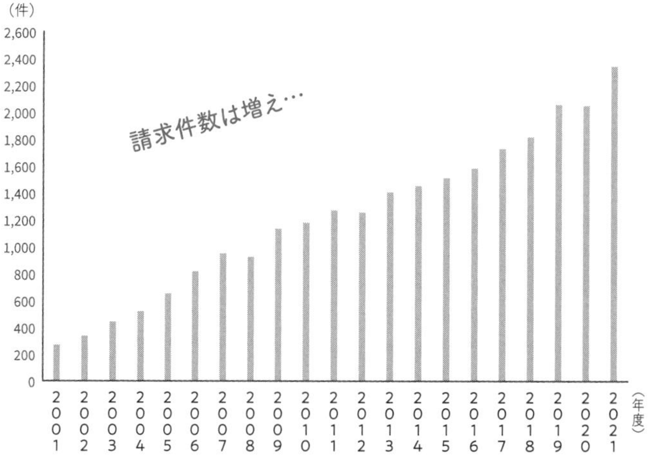

精神障害に係る労災請求件数の推移（2001-2021年）

図5-8 精神障害の労災請求に対する支給決定件数

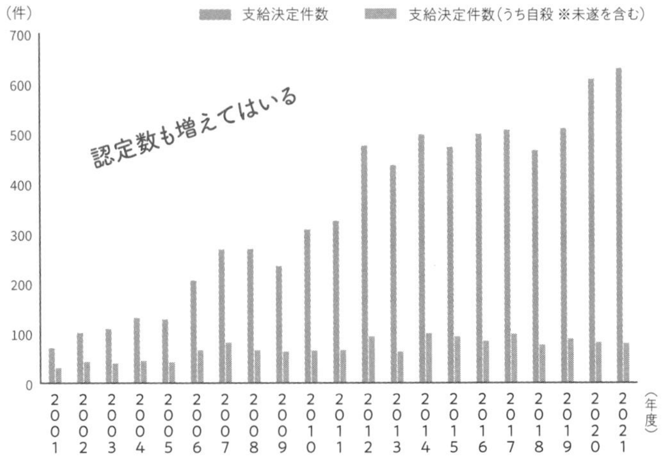

精神障害に係る労災支給決定（認定）件数の推移（2001-2021年）

も単純に請求件数に対する支給決定件数の割合を出してみると約27%。労災を請求しても、それが認容される確率は3割にも満たないんだね。

モ　そう。そしてこれは氷山の一角だ。**精神障害の大きな要因の１つが長時間労働だが、日本の企業はきちんと雇用者の労働時間を記録していないところが多いから、労災申請しようと思っても、証拠がなくて泣き寝入りせざるを得ない場合**が多い。そういったケースも統計には表れない。

■サービス残業は健全な淘汰をゆがめてしまう

太　でも、なんで長時間労働になるのかな。

モ　さっきも指摘した「サービス残業」の横行が最も大きな要因だろう。労働基準法は、残業させた場合、割増賃金を払わなければいけないと定めている。これは、割増賃金という、いわば「罰金」を払わせることにより、残業時間を抑制することがねらいだ。割増賃金が増えすぎれば、人件費が企業経営を圧迫するので、経営者はなるべく残業させないよう、創意工夫するようになる。でも、それを払わなくていいとなったら何が起きるだろう。

太　残業代を払わなくてよければ、残業させないよう工夫する動機がなくなるね。むしろなるべく長く働かせた方がお得になる。

モ　そのとおり。そして、本来払われるべき残業代が払われないから、もちろん賃金は低くなる。**低賃金・長時間労働**になるということだ。実際、労働基準法自体に残業代を払わずに済む抜け道がたくさん用意されているので、それらを利用して残業代を払わない企業がたくさんある。

太　合法的に残業代の支払いを免れているということ？

モ　合法と言い難い場合もある。厳密に言うと法律の要件を満たしておらず、違法であるケースも多い。でも、労働者はそれに気づかない。また、労働基準法には規定されてないけど、企業が独自に残業代逃れの手法を生み出し、それを裁判所が追認してしまう事態も生じている。**固定残業代**と言われるものがそれだ。これは、実際の残業の有無にかかわらず、毎月一定額を「残業代」として固定給に含めて支払うものだ。これで支払ったことにしてしまう。

太　残業の有無にかかわらず支払うんだったら、それ、ただの基本給じゃないの。

モ　そのとおりだ。「単に名前を変えているだけ」なんだが、なぜか裁判所はだまされる。無効と認定されるケースもあるが、企業の就業規則などにはっきり明記されていて、残業代とそうでない部分が判別できる場合は有効とされるケースが多い。

太　そうやって企業がみんな賃金をごまかしていたら、ちゃんと賃金を支払うまともな企業が淘汰されてしまうね。

モ　そう。**本来であれば、高い給料を支払える企業だけが生き残っていくはずなんだ。そして、高い給料を払えない企業は自然と淘汰されていく。そうやって産業転換が促進されていく。しかし、残業代不払いが横行することにより、潰れるはずの企業が生き残ってしまい、産業転換が進まない。それは新しい産業が育たないということだから、経済衰退にもつながる。**

太　それに、賃金をごまかされたら、みんなお金が足りなくて物を買えなくなるよね。

モ　うん。労働者は消費者でもある。労働者の賃金を低く抑えることは、消費者の購買力を奪うということだ。みんな安い物しか買えなくなる。だから物価が下がっていったんだ。みんながそれぞれ合理的と考えることをした結果、全体としては不合理な結果になることを**合成の誤謬《ごびゅう》**と言うが、日本ではまさに合成の誤謬が起きてしまったと言えるだろう。

■ 労働組合は僕たちを守れるか

太　それに歯止めをかける仕組みはなかったのかな。政府は残業代不払いをちゃんと取りしまってないの？

モ　極めて不十分だ。その大きな原因は、**残業代不払いなどの労働基準法違反を取りしまる労働基準監督官の数が少ない**ことだ。やや古いデータだが、2017年3月16日付厚生労働省の資料から、各国の労働基準監督官の数を比較した表を見てみよう。図 5-9

図 5-9　働く人1人当たりの監督官の数は?

監督者が毎日事業場を回っても3年半以上かかる

	日本	アメリカ	イギリス	フランス	ドイツ	スウェーデン
監督する者の数	3,241人 ・労働基準監督官 3,241人（2016年度）	3,878人 ・労働基準監督官894 人（2009年度） ・労働安全衛生監督官 1,740名（2010年 度） ・安全衛生法令につ いて労働長官の承認を受けて州で監督を行う者 1,244人（2009 年度）	2,742人 ・最低賃金監督官153 人（2008年） ・衛生安全監督官 1,439人（2007年） ・安全衛生法令について雇用担当大臣の委任を受け地方政府で監督を行う者1,150人（2003年）	1,706人 ・労働監督官 535 人（2008年） 労働監督員（補助者） 1,171人	6,336人 ・営業監督官 3,340人 ・労災保険組合の監督官 2,996人（2007年）	262人 労働環境庁地方支部の職員約500人 うち、262人が監督業務に従事（2009年度）
雇用者1万人当たりの監督官の数	0.62人	0.28人	0.93人	0.74人	1.89人	0.64人

各国の労働基準監督官の数

太　雇用者１万人当たりの監督官の数を見ると、日本はドイツの３分の１ぐらいしかいないのね。

モ　うん。厚生労働省の資料によると、2016年度は、対象となる428万事業場に対して、労働基準監督官は3241人しかいない。

太　**監督官１人当たり約1320事業場**だね。毎日休まず１事業場ずつ見ても３年半以上かかる計算になる。これじゃあ監督しきれないね。

モ　そう。しかも、残業代不払いをする企業は証拠を残していないことが多いので、立件するのに非常にハードルが高い。例えば、2018年６月１日～2019年５月31日までの厚労省の「労働基準関係法令違反に係る公表事案」を見てみると、検察官に送致された407件のうち、**残業代不払い（労働基準法37条違反）に関するものは７件しかない**。

太　ほとんど野放しだね。労働組合は何をしているのかな。

モ　日本の会社は、労働組合のないところがほとんどなんだ。2021年度で言うと、労働組合の組織率は16.9％しかない。雇用者数、労働組合員数、及び推定組織率の推移を見てみよう。図5-10

太　雇用者数は増えていっているのに、組合員数は全然増えず、組織率がずっと下落傾向だね。

モ　そう。しかも、労働組合があるのは大きな企業に偏っている。企業規模別の労働組合員数と推定組織率の図を見てみよう。図5-11

図 5-10　日本の労働組合員数の推移

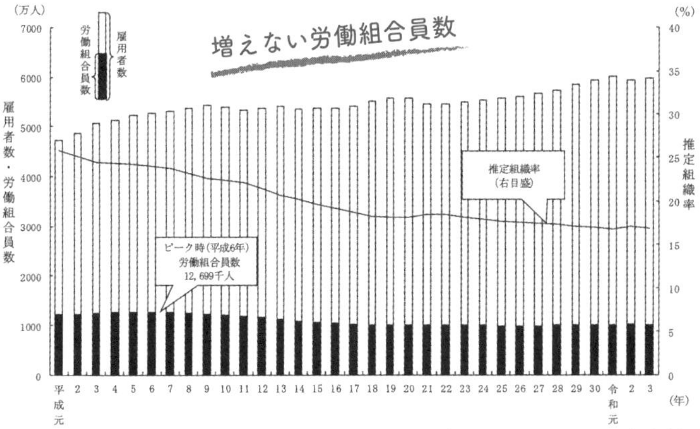

雇用者数、労働組合員数及び推定組織率の推移（単一労働組合、厚生労働省）

図 5-11　労働組合（員）数と企業規模の関係

企業規模	労働組合員数	対前年差	対前年増減率	構成比	雇用者数	推定組織率
計	**8,762**	**-0**	**-0.0**	**100.0**	**5,451**	**16.1**
1,000人以上	5,803	34	0.6	66.2	1,481	39.2
300～999人	1,129	-21	-1.8	12.9	1,536	11.1
100～299人	573	-13	-2.3	6.5		
30～99人	177	-5	-2.5	2.0	2,374	0.8
29人以下	23	-1	-2.9	0.3		
その他	1,057	5	0.5	12.1	…	…
	（千人）	（千人）	（%）	（%）	（万人）	（%）

規模の小さい企業ほど組織されていない

企業規模別（民営企業）労働組合員数及び推定組織率
（単位労働組合）（2021年）

モ　これを見ると、労働組合員数876万 2000人のうち、雇用者数1000人以上規模の企業に属する人が580万3000人（全体の66.2％）と6割以上を占め、300～999人規模の企業に属する人が112万9000人(同12.9％)、100～299人規模が57万3000人(同6.5％)だ。それ以下の規模の企業には、労働組合員全体の2.3％しかいない。

太　労働組合員自体が少ないうえに、その少ない労働組合員の6割以上が雇用者1000人以上の規模の大きな企業に属しているのか。中小企業だとほとんど労働組合がないわけだね。

モ　そう。でも、日本の労働組合の組織率は、国際的に比較すると実はそんなに低い方ではない。OECD加盟国について、各国の組織率を見てみよう。比較的データがそろっている2016年で確認する。図5-12

太　日本の労働組合の組織率って、OECD総合より高いんだね。フランスが10.8％しかないのが意外だな。

モ　うん。でも、**労働協約**のカバー率で比較すると全然違うんだ。これも基本的に2016年のデータで比較するけど、同年のデータがない国もあるので、その場合は前年2015年のデータを使うことにするよ。図5-13

太　あ、全然違う。フランスは98％もある。イタリアは100％だ。日本は組織率と同じくらいの17.3％しかなくて、OECD総合の半分くらいだ。ところで**労働協約**って何？

モ　労働組合と使用者（雇用主）との間で締結された取り決めのことだ。**諸外国は産業別に労働組合が組織されているところが多く、その産業別の労働組合が使用者側と締結した労**

図 5-12　世界の労働組合組織率

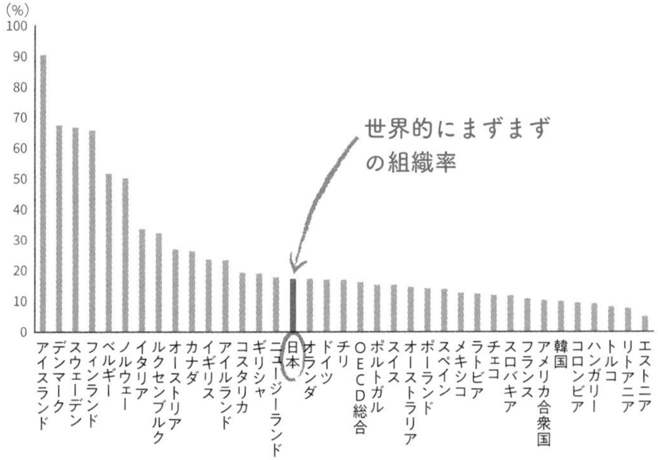

OECD 加盟国労働組合組織率（2016年）

図 5-13　世界の労働協約カバー率

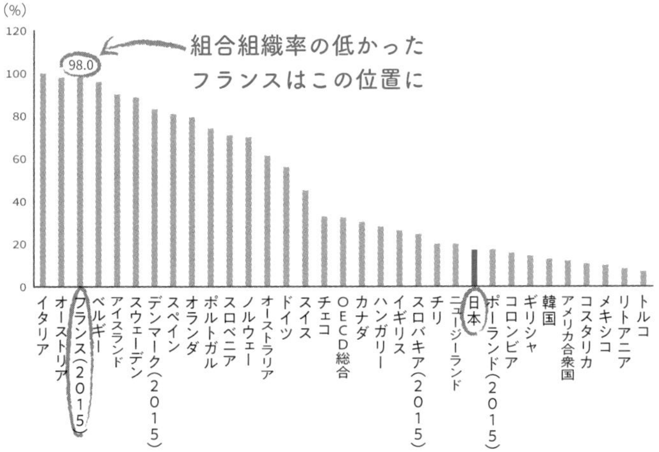

OECD 加盟国労働協約カバー率（2016年または 2015年）

働協約の効力が、産業全体に拡張される仕組みを持っている。つまり、組合員以外にまで効力が拡張されるということだ。たとえ個別の会社に労働組合がなくても、労働協約によって守られることになる。だから組織率が低くても、労働組合の影響力が強い。そして労働組合の影響力が強いから、使用者側で勝手に賃金を下げることができないし、法律違反もしにくい。

でも**日本の労働組合は産業別ではなく企業別組合が主体だし、労働協約も個別の会社ごとに締結され、その会社内にしか基本的に効力が及ばない**。

太　日本は構造的に労働組合の力が弱くならざるを得ないんだね。

モ　そうだ。企業別労働組合を基本として発展してきてしまったことは、致命的な失敗だったといえるかもしれない。企業別だとどうしても交渉力が弱くなるし、企業側の言いなりになる「御用組合」になりやすいからね。そして組合すらない企業が大半を占めるから、労働者は使用者に逆らえない。

太　法律違反を取りしまる労働基準監督官が少ないうえに、労働組合も機能していないんじゃ、使用者側はやりたい放題になるね。

モ　そうだね。いつの時代のどの国でも、**使用者側の願望は「人を安く長時間働かせたい。いらなくなったらすぐ切りたい」**ということだ。そうすればモノやサービスをつくるためのコストをカットして利益を大きくすることができるからね。その歯止めとなるべき存在が日本では十分に機能していない。その結果、低賃金・長時間労働が促進され、非正規雇用も増えたので、雇用も不安定になった。そして、本来淘汰されるべき企業が生き残ってしまい、産業構造の転換も進まなかった。

■「生産性」の計算式

モ　太郎、よく「日本の生産性は低い」と言われるだろう。その大きな要因が低賃金・長時間労働なんだ。生産性の計算式を見るとそれがよく分かる。

一般的に「生産性」といわれる場合、「付加価値生産性」を指している。付加価値は、売上から原材料費など外部から購入した部分を差し引いたものだったね。例えば君が100円で何かを仕入れて、それを加工し、150円で売れば、付加価値は150円－100円＝50円ということになる。

そして付加価値生産性は、付加価値を労働投入量で割って算出する。例えば**付加価値を労働者数で割ると、1人当たりの付加価値労働生産性が算出**できる。さっきの例で言うと、君が1人で原材料を仕入れて加工し、150円で売ったとすれば、1人当たり付加価値労働生産性は50円だ。これが、2人で仕事をしたのだとしたら25円になる。

さらに、**付加価値生産性を、労働者数×労働時間で割ると、時間当たりの付加価値労働生産性が算出**できる。さっきの例なら、君が1人で1時間かけて商品に加工したとすれば、1時間当たり付加価値労働生産性は50円。5時間かかったとすれば10円だ。

太　つまり、より少ない人数と、より少ない時間で付加価値を生み出せば、生産性は上がるんだね。

モ　うん。そしてもう1つ、値段を上げれば生産性も上がるよ。最初の例で言えば、100円で仕入れたものを150円ではなく、200円で売ることができれば、付加価値生産性は100円だ。

太　つまり、分子を大きくして、分母を小さくすれば生産性は上がるということね。

モ　そのとおり。では、分子となる付加価値には何が含まれるのか、日本生産性本部の作成した内訳を参考に考えてみよう。図5-14

図5-14 付加価値には何が含まれる?

売上高				
・原材料費 ・部品費 （商品仕入額） ・外注加工費 ・運賃など 製造経費	・減価償却費		・貸借料 地代・家賃・リース料など ・（支払特許料） ・金融費用（金融収支） 支払い利息・割引料など ・租税公課 固定資産税・ 登録免許税など	・人件費
外部から 購入した部分	減価償却費	営業利益	企業運営費	・人件費
	（粗）付加価値			
		（純付加価値）		

付加価値の内訳

太　**付加価値には人件費が含まれているのね。**

モ　そう。それが大きなポイントだ。前に**「労働」自体が価値**（p.123）と言ったね。何か仕入れて加工したりする際は、そこに必ず誰かの労働がある。つまり価値が加えられたということだ。それが商品の値段の中に入ってくる。では低賃金・長時間労働が促進されると何が起きるかな。

太　付加価値生産性の式に置き換えると、分子である付加価値の中の人件費が削られるから、分子が小さくなるね。他方、分母である労働投入量のうち、労働時間が増えるから、分母が大きくなる。分子が小さくなって分母が大きくなってしまうから、生産性は下がるね。

モ　そのとおりだ。そして、**GDPは付加価値の合計額であること、GDPの推移と賃金の推移が連動していることを1章の冒頭でも確認したね。計算式が分かると、それが当然の結果であると理解できる**だろう。

太　付加価値に含まれる人件費が抑え込まれたら、付加価値の合計額であるGDPも当然伸びないもんね。

モ　そう。この状況を変えるには、緩すぎる労働法制とその運用を変え、規制を強化し、低賃金・長時間労働をなくしていくことが必要だ。

　しかし、そういう動きは全然進んでいない。逆に、外国人労働者を使用してますます低賃金・長時間労働に拍車をかけるような事態になっている。今度はそれを見てみよう。

増える外国人労働者

モ　コロナ禍の影響が出る前の2019年末の数字で在留外国人の傾向を確認してみよう。外国人が日本に在留するためには、**在留資格**が必要になるが、まずはその構成比から見てみよう。図5-15

図5-15 在留外国人の構成比

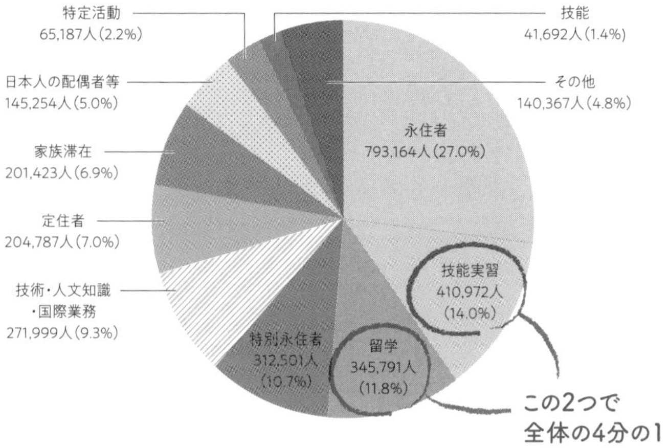

在留外国人の構成比（在留資格別）（2019年末）

モ　このように、永住者の次に多いのが**技能実習**で14%、次に**留学**で11.8%。2つ合わせると25.8%だから、全体の約4分の1を占める。君が町で見かける外国人の4人に1人はこの資格のどちらかを持っているということだ。なぜこの2つが多いかというと、特別な知識や技能が必要ない「単純労働」をさせるために、このいずれかの資格が使われてきたからだ。2019年に**「特定技能」**という在留資格が新設されるまでは、単純労働のための在留資格がなかった。そこでこの「技能実習」と「留学」が、外国人に単純労働をさせることを可能にする抜け道として利用されていた。

まずは留学生から説明しよう。外国人留学生は、出入国在留管理庁長官から許可を受ければ、**1週間に28時間を上限として、風俗営業を除き、働いて報酬を得ることができる**(出入国管理及び難民認定法〈以下「入管法」〉19条　2項、同法施行規則19条5項1号)。留学生といっても学費や生活費を稼ぐ必要がある人もいるので、このようなルールがある。

この「1週28時間以内なら外国人留学生でも日本で働ける」というルールを利用し、人手不足に悩む業界が、「留学生」のアルバイトを多用している。高度な専門的知識・技術を要しない単純労働をするためだけだと在留資格が得られないため、「留学生」ということで在留資格を得るんだ。

この留学生は多くの場合、「日本語学校」の留学生だ。日本語教育機関の在籍留学生数は2011年から日本学生支援機構の調査対象になったが、同機構の調査によると、同年の在籍者数は2万5622人。そして、2018年は9万79人となっており、わずか8年間で約3.5倍に増えた。

■留学生の現実

太　じゃあコンビニとかでよく見かける外国人のアルバイトって、日本語学校の留学生がほとんどなのかな。

モ　おそらくそうだろう。日本語学校を利用した留学生受け入れの仕組みは次のとおりだ。まず、送り出し国の側に、留学生と日本語学校の仲介をするブローカーがいる。ブローカーは「日本に行けば毎月20万～30万円は稼げる」などと言って留学生の募集をする。日本円でそれぐらい稼げば、発展途上国の人々にとっては大金であり、家族の暮らしを少しでも楽にしたいと切実に願う人々が留学生募集に応じる。

しかし、留学には、初年度の日本語学校の学費、ブローカーへの仲介手数料、渡航費などを含めて大金が必要になる。150万～200万円要求されることもあるらしい。これは発展途上国の年収の数年分に相当する。当然そのような大金は用意できないので、家族は家や土地を担保に入れて借金をし、お金を工面する。こうやって大変な思いをして、やっと日本への留学が叶う。

ところが、日本に来てみると、話が違う。まず、「週28時間」という就労時間の上限について説明されていない場合がほとんどだ。**週28時間では、学費も借金返済もままならないので、やむを得ず上限を破り、入管法違反で摘発されるリスクを負いながら就労することになる。就労先も見て見ぬふりをする。給料からは、借金や寮費等が天引きされ、留学生の手元にはわずかな額しか残らない。**そこで帰ろうと思っても、莫大な借金があり、帰国するとその返済ができなくなることから、帰れない、という状態に追い込まれる。

ブローカーは留学生からも日本語学校からも手数料を得られ、借金の利息も手にする。就業先は人手不足を解消できる。日本語学校は留学生の学費で儲かるうえ、就業先からリベートを得ることもある。ブローカー、就業先、日本語学校の３者が潤う一方、だまされた留学生は借金返済のため日本で働き続けるしかなくなる。留学生たちは言葉もよく分からず、非常に弱い立場にあるので、労働基準法をはじめとする労働関連の法規制の無視が横行し、過酷な労働環境にさらされる。

そして、日本語学校を卒業すると、「留学生」という在留資格を維持するため、今度は専門学校や大学に進学する。日本語学校での在学期間では到底借金を返済し切れないからね。少子化で収入確保に悩む専門学校や大学は、留学生を喜んで受け入れる。

しかし、留学生たちの中には、そこを卒業してもよい就職先がない、睡眠不足で勉強についていけない、学費を払えないなどといった理由で失踪していく人たちもいる。失踪して退学となれば在留資格を失うので、不法滞在者ということになってしまう。それでも、母国には帰れない。膨大な借金があるからだ。だから不法滞在者のまま、借金返済のために働き続けることになる。

太　そんな現実があったんだね。知らなかった……。

モ　それはあまり報道されていない影響もあるだろう。**新聞**

販売店が外国人留学生を利用していることがその背景にある。新聞各社には、大学などの学費を援助し、住居も提供する代わりに、学生に新聞配達などをしてもらう「新聞奨学会」という制度がある。外国人に対してもこの新聞奨学生制度を利用して日本に留学してもらい、新聞配達などをさせている。少子化の進行に加え、新聞配達業務は過酷なので、最近は日本の若者が集まらない。だから外国人留学生をターゲットにしている。

留学生たちは朝刊に加え、夕刊も配達するので、どう頑張ってもその労働時間は週28時間には収まらない。**では28時間を超える部分の報酬についてはどうするのかというと、払わない**。払ってしまうと28時間超の労働をさせていることがはっきりしてしまい、入管法違反となるからだ。留学生たちは過酷な長時間労働に加え、ときに販売店の日本人従業員から暴力を振るわれることもあるという。学費の援助や寮の提供がある分、ブローカーからの借金を抱えて来日するほかの留学生よりはまだましかもしれないが、違法な状況で働かされていることに変わりはない。

太　汚いね。自分たちも同じことをやっていて後ろめたいから、報道したくないということだね。

■技能実習制度は誰のためのもの?

モ　次に技能実習制度を説明しよう。これは、1960年代後半頃から日本企業の海外の現地法人などで社員教育として行われていた研修制度を原形として、1993年に制度化されたものだ。以前は受け入れ期間が最長3年だったが、2017年に5年に延びた。

その目的・趣旨は、表向き、国際貢献のため、発展途上国などの外国人を日本で一定期間に限り受け入れ、OJT（実地訓練）を通じて技能を移転することにあるとされている。

だがその**真の目的は、不足する単純労働従事者を外国人で補うこと**だ。**実際の業務は単純労働ばかりで技術移転に役立つものではない**。技能実習の対象職種・作業は、大きく分けると農業、漁業、建設、食品製造、繊維・衣服、機械・金属、その他があり、それをさらに細かく分類すると86職種158作業ある（2022年4月時点）。

2019年末の技能実習生は41万972人だった。2012（平成24）年は約15万人だったから、たった7年で約2.7倍になっている。図5-16

太　すごい増え方だね。

モ　うん。技能実習生の受け入れ方法については、企業が単独で受け入れる企業単独型と、技能実習生の監理団体（事業協同組合、農業協同組合、商工会等）を通じて受け入れる団体監理型があり、2019年末の時点で、団体監理型が97.6%を占める。

実習生を受け入れる企業の金銭的負担は、実は日本人を雇う場合と比べて大きく変わるわけではない。しかし、実習生と受入企業との間に様々なピンハネが存在するため、結果として実習生の給与は著しく低くなり、最低賃金を割ることも

図5-16 受け入れ期間の延長で急増する「技能実習生」

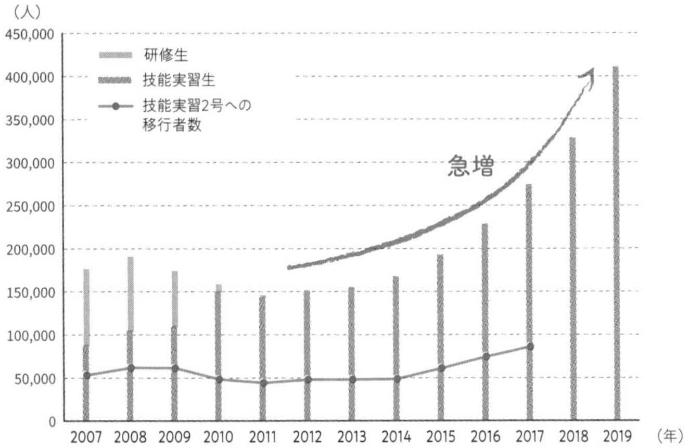

研修生・技能実習生の在留状況及び「技能実習２号」への移行状況
（2007-2019年）

ある。

受入先のほとんどは団体監理型で、受入企業は監理団体に対し、受け入れた実習生の紹介料を払う。さらに、毎月「監理費」を払わなければならない。監理団体には一応「協同組合」や「事業組合」といったもっともらしい名前がつくが、実際は派遣業者と同じであり、実習生の斡旋を専業とする団体がほとんどだ。

そして、監理団体は、受入先企業から徴収した紹介料や監理費を、送り出し国のブローカーと山分けする。送り出し国のブローカーは、現地の人々を勧誘して技能実習生として監理団体に紹介するのがその役目だ。甘い言葉で勧誘するのは留学生の場合と同じ。留学生と実習生のブローカーを兼ねている者も存在する。ブローカーは実習生からも紹介料を取るし、「保証金」と称して実習生から大金を預かることもある。実習生はそんな大金は自分で用意できないので、借金をして工面する。つまり保証金は、実習生が逃げられないように、借金で縛るためにある。逃げられると毎月の監理費が入ってこなくなり、ブローカーが困るからだ。

受入先企業は監理団体に年10万円程度の「組合費」も支払う。そして、監理団体には「公益財団法人 国際人材協力機構（JITCO）」という親玉がいて監理団体を統轄している。これは法務、外務、厚生労働、経済産業、国土交通省という5つの中央官庁が所管する法人であり、官僚の天下り先となっている。JITCOは監理団体や実習生の受入先からの会費収入で年13億円近くを稼ぎ、この一部が天下り官僚たちの報酬となっている。

このように、監理団体、ブローカー、JITCOが、技能実習生たちから搾取をしているという構図がある。そして、実習生の弱い立場につけこむ不正行為も多発している。

2015～2019年までの労働基準監督署による監督指導実施事業場数と、労働基準関係法令違反事業場数、そして違反率の推移を見てみよう。とくに違反率に注目だ。図5-17

太　ひどいね。**ずーっと違反率が7割を超えていて、まったく改善していない**。

モ　そうだ。みんなで労働基準関係法令を無視している状況だ。技能実習生がどれだけひどい状況で働かされているか、これで分かるだろう。なお、2019年の違反事項は、①労働

図 5-17 違反・あるいは指導が入った事業場の推移

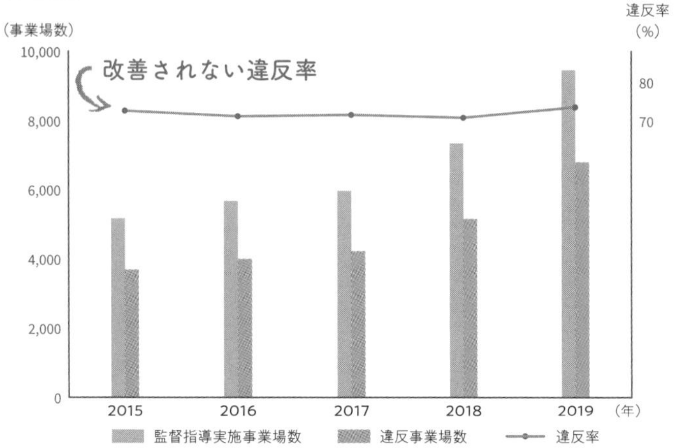

監督指導実施事業場数・労働基準関係法令違反事業場数・違反率の推移（2015-2019年）

時間（21.5%）、②使用する機械等の安全基準（20.9%）、③割増賃金の支払い（16.3%）の順に多かった。

太　割増賃金って残業代のことだよね。危険な環境で、残業代も払われずに長時間働かされているってことだね。

■皮肉にも、「円安」によって解決されていく

モ　そう。こうして人件費を削ることが可能になってしまっているので、本来であれば淘汰されているような不良企業が生き残ってしまう。でも、**こうやって外国人労働者にひどいことをする状況は、自然と解消されていくだろう。理由は円安だ。**外国人労働者が日本に来るのは、円の価値が高かった

からだ。これまでは、母国で働くより日本で働いた方が、為替の差でより多くお金を得ることができた。しかし、2022年に急激に円安が進行して、円の価値が著しく落ちてしまった。

太　そうなると確かにわざわざ日本に来てひどい目に遭ってまで働く理由はなくなるね。

モ　ここで、**通貨の真の実力を知るためには、実質実効為替レート指数を見る必要がある**。君がニュースでよく目にするドル円相場は日米2国間の名目為替レートだが、これだけを見ていると、それぞれの通貨の真の実力は分からない。

例えば、1ドル100円の名目為替レートのときに、アメリカでハンバーガーが1個1ドルで売っていたとしよう。1ドル100円なので、100円でハンバーガーが1個買える計算になる。

ここで、アメリカで物価が急上昇し、ハンバーガーの値段が1個2ドルになったが、名目為替レートは1ドル100円のままと仮定する。

名目為替レートは変わらないが、ハンバーガーの値段はドルで見たときに2倍になったので、200円出さないと買えない計算になる。つまり、物価上昇を考慮すると、「実質的に」円の価値は半分になった、ということだ。このように、**物価上昇率の影響を考慮した為替レートを実質為替レートという**。似たような言葉に「実効為替レート」というものもある。これは、対象となるすべての通貨と日本円との2通貨間為替レートを、貿易額などで計った相対的な重要度でウエイト付けして集計・算出したものだ。

そして、物価上昇率を考慮した実効為替レートを「実質実効為替レート」といい、これが通貨の真の実力を示す。その日本円の推移を見てみよう。このデータは1970年1月分まで遡ることができる。図5-18

図5-18 実質実効為替レート指数の推移

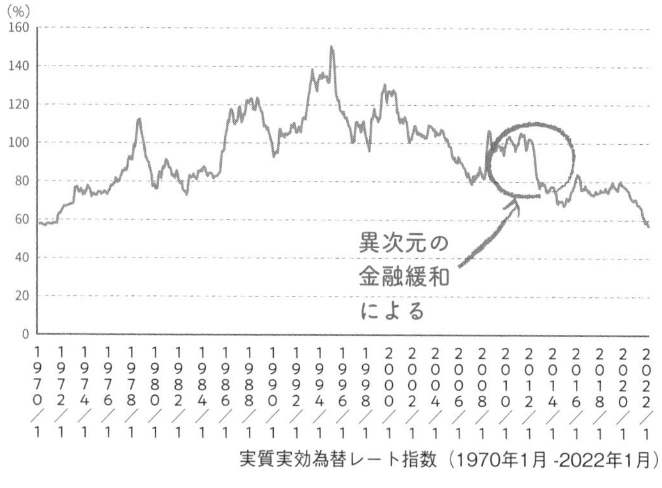

モ　このように、アベノミクスが開始したあたりで急激に落ちているが、これは異次元の金融緩和で円の価値を下げ、円安にしたことが影響している。そして、2022年には、世界中の中央銀行が利上げする中、日銀だけが金利を上げようとしなかったので円安が進み、同年6月にはついに実質実効為替レート指数が60を切るまでになった。

太 60より下だと、1970～1971年あたりの水準とほとんど同じくらいだね。

モ うん。1971年9月に60を超えて、それ以降60を切ることはなかったんだが、50年以上たってその水準に戻ってしまった。なお、ピークは1995年4月の150.84だ。

太 ピーク時に比べると3分の1近くにまで落ちてしまったということか。

モ そう。そして今後円安がさらに進むことがあれば、もっと円の価値が落ちていく。

太 そうなると、日本で働いてもあんまり稼げないから、外国人労働者の方々は母国に帰るか、他の国へ行ってしまうだろうね。逆に、日本人が外国へ出稼ぎに行く事態になる……。

■そして、人手不足へ

モ そうだ。そして人手不足はより深刻化する。どの分野で不足するのかは、産業別就業者数の推移を見ると分かる。2002～2021年までの19年間で増えた就業者数について、産業別に多い方から並べたグラフを見てみよう。図5-19

太 医療・福祉がダントツだね。19年間で417万人も増えている。2位の情報通信業100万人の4倍以上だよ。他方で一番減ったのは製造業のマイナス157万人か。次が建設業でこちらも133万人も減っている。

モ 医療・福祉の就業者数の増大は高齢化の影響だ。今後

図 5-19 業種別に見る就業者数の増減

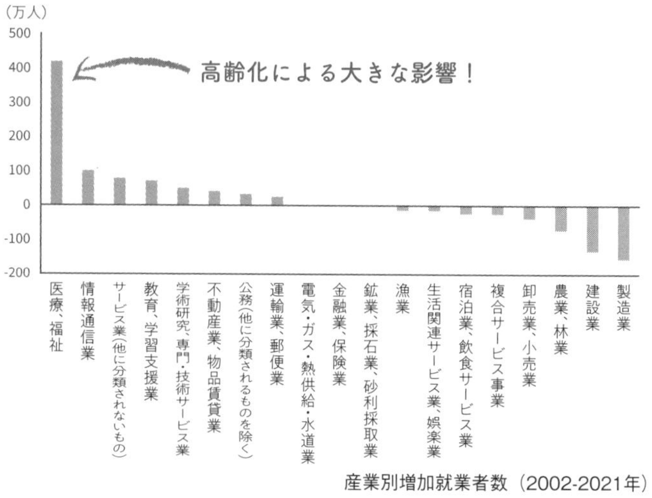

もっと増えていく。ますます人手が足りなくなっていくだろう。日本と世界の未来を予想するためには人口動態を把握するのが重要だから、次の章でそれについて見てみよう。

日本と世界の未来予測図

6章

■ 労働力が加速して減っていく

モ　10年以上前の資料だが、2011年2月21日付で国土審議会政策部会長期展望委員会が作成した「『国土の長期展望』中間とりまとめ」から、日本の人口の推移を見てみよう。これは西暦800年頃から2100年頃までの日本の人口の推移を予測したものだ。図 6-1

図 6-1　平安時代以降の日本の人口の推移

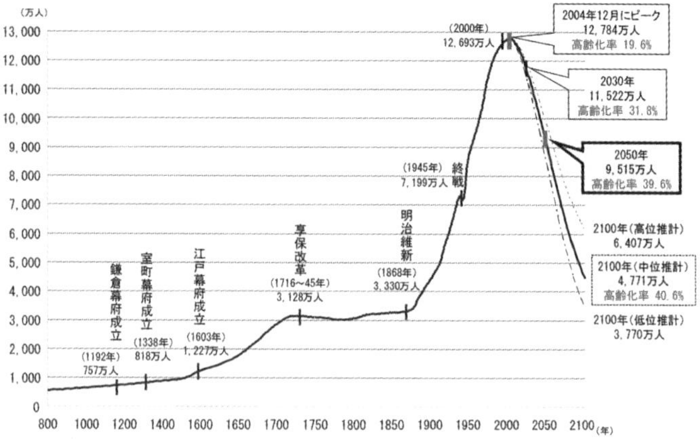

日本の人口の推移（800-2100年頃、総務省）

太　江戸時代に1227万人から3000万人以上にまで増えて、しばらくその水準を維持した後、明治維新後に急激に人口が増え、4倍近くにまでなったのね。でも2004年にピークを迎えてからは、ジェットコースターみたいに人口が減るね。

モ　そう。明治維新から2004年までは、極めて特殊な時代だった。わずか136年間で人口が4倍近くにまで膨れ上がったのだから。人が増えればそれだけ需要も増える。**日本の経済成長の大きな要因の1つがこの急激な人口増だ**。このように急激に人口が増加する現象は日本だけのものではない。人口増加とともに産業が発展して経済が急成長する現象は、どの国でも程度の差はあれ起きる現象だ。

しかし、それは一時的なものに過ぎない。**長い目で見ると、「経済成長するのが当たり前」という時代はむしろ例外**なんだ。今後は恐ろしい勢いで人口が減っていく。ここで重要なのは、**「減るのは生産年齢人口（15～64歳）であり、高齢者人口（65歳以上）は今後も増えていく」**ということだ。まずは日本の生産年齢人口及びそれが全人口に占める割合の、今後の推移予測を見てみよう。図 6-2

太　ずっと減少していくんだね。2049年以降は全人口に占める生産年齢人口の割合が51％台に落ちてしまうのか。そして2065年を2015年と比較すると3199万人も減る。50年間で生産年齢人口が4割以上減ってしまうということだね。これは大変だ。

モ　次に高齢者人口とそれが全人口に占める割合の予測も見てみよう。図 6-3

太　生産年齢と異なり、2042年に3935万人でピークを迎えるまでは増え続けるんだね。そこから数は減少に転じるけど、全人口に占める割合の方は増加を続けて、40％近くにまでなるのか。**5人に2人ぐらいが高齢者**になるということだ

図6-2 生産年齢人口割合の未来予測

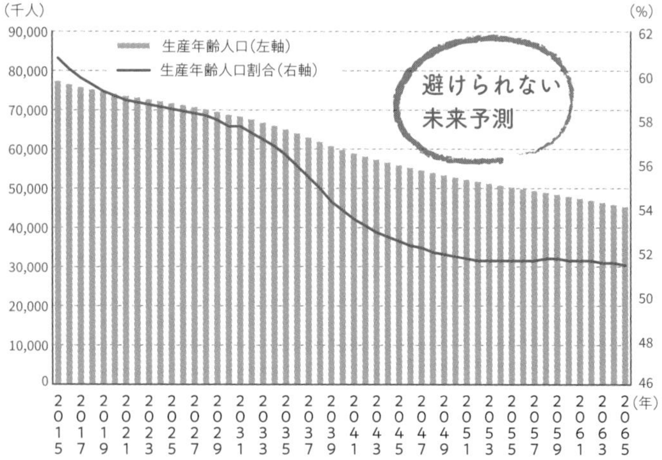

生産年齢人口・割合（2015-2065年）

図6-3 高齢者人口割合の未来予測

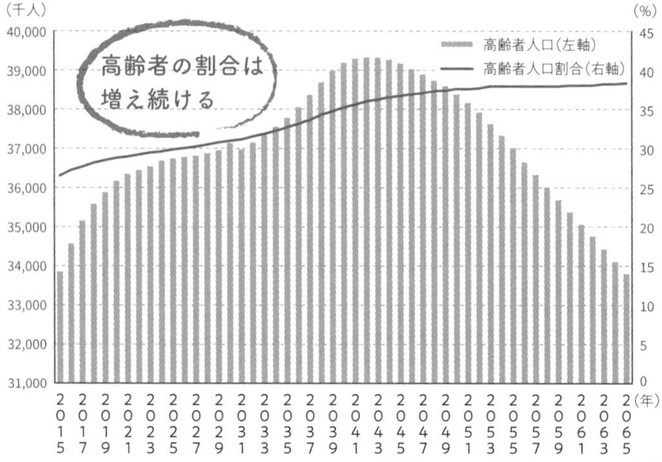

高齢者人口・割合（2015-2065年）

ね。

モ　うん。でももっと深刻なのは、医療費や介護費が跳ね上がる後期高齢者人口（75歳以上）の方だ。今度はそちらを見てみよう。図6-4

図6-4 後期高齢者人口割合の未来予測

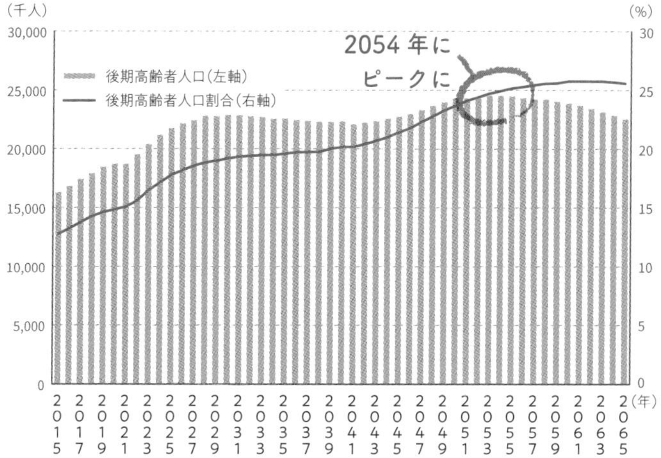

後期高齢者人口・割合（2015-2065年）

太　こっちの方は、2054年に2449万人でピークを迎えるまでは増加するんだね。全人口に占める割合はおよそ25%になる。**4人に1人が後期高齢者**か。

モ　**2022年の生産年齢人口は7420万人だが、後期高齢者人口がピークを迎える2054年には5072万6000人にまで減っている**。その差は2347万4000人だ。これは今の近畿地方全部を合わせた人口と同じくらいだ。

太　後期高齢者人口がピークを迎えるまでに、それだけの規模の生産年齢人口がなくなるということか……。大変だ。

モ　ここで社会保障給付費の推移を見てみよう。**図 6-5**

図 6-5 増えていく社会保障給付費の内訳

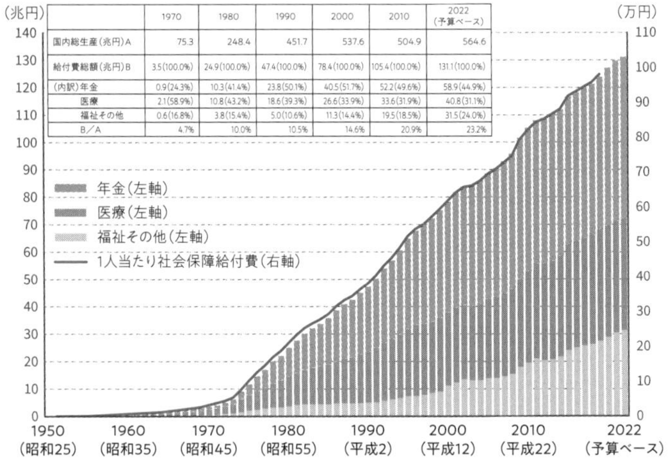

	1970	1980	1990	2000	2010	2022（予算ベース）
国内総生産（兆円）A	75.3	248.4	451.7	537.6	504.9	564.6
給付費総額（兆円）B	3.5（100.0%）	24.9（100.0%）	47.4（100.0%）	78.4（100.0%）	105.4（100.0%）	131.1（100.0%）
（内訳）年金	0.9（24.3%）	10.3（41.4%）	23.8（50.1%）	40.5（51.7%）	52.2（49.6%）	58.9（44.9%）
医療	2.1（58.9%）	10.8（43.2%）	18.6（39.3%）	26.6（33.9%）	33.6（31.9%）	40.8（31.1%）
福祉その他	0.6（16.8%）	3.8（15.4%）	5.0（10.6%）	11.3（14.4%）	19.5（18.5%）	31.5（24.0%）
B／A	4.7%	10.0%	10.5%	14.6%	20.9%	23.2%

社会保障給付費の推移（1950-2022年）

モ　このように、1人当たりで見ても総額で見ても、社会保障費はすごいペースで増え続けている。**よく「社会保障費が削られている」と言われることがあるが、不正確だ。自然増を抑え込むために削る部分はあるものの、それ以上に増えるので、差し引きすると結局増えている。**

太　このグラフだと介護費用がどれくらいか分からないよ。

「福祉その他」に含まれるのかな。

モ　厚労省作成の2022年度予算を元にした資料を見てみよう。図6-6

図6-6 社会保障の給付と負担の内訳

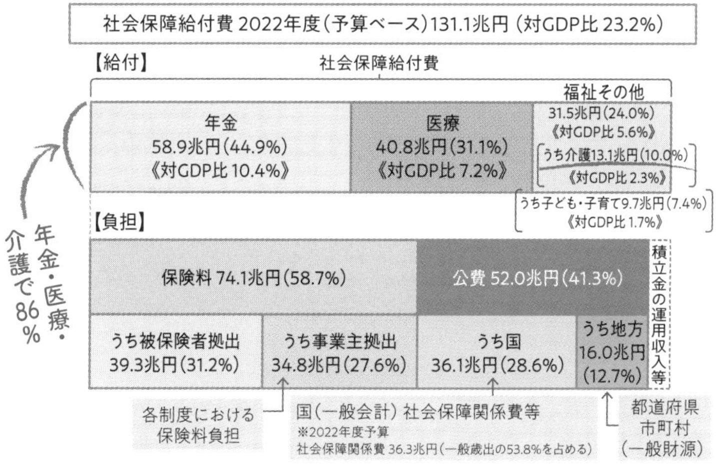

社会保障の給付と負担の現状（2022年度予算ベース）

太　福祉その他31.5兆円のうち、介護はおよそ3分の1の13.1兆円。社会保障給付費全体に占める割合は10%か。年金が44.9%、医療が31.1%だから、**年金、医療、介護を合計すると、86%**になるのか。

モ　そうだ。そして、2020年度の年齢階級別国民医療費で65歳以上の割合は61.5%だ。つまり社会保障費のほとんどは高齢者にかかる費用なんだ。そしてさっきも見たとおり、生産年齢人口が減る一方、65歳以上人口は2042年まで増えるし、75歳以上人口になるともっと先の2054年まで増える。これがこの国の現実だ。

太　今の社会保障水準を維持しようと思ったら、税金も社会保険料も無茶苦茶に増やさないと全然足りなくなるね。嫌だなぁ。

モ　そう。みんな負担は増やされたくない。かといって社会保障を削られるのは嫌だ、ということで、「借金」という現実逃避が選択されることになる。そして今、日銀の買い支えによって借金財政を維持するという末期症状に至っている。まだ為替市場の信頼を保つことができているが、それが崩壊すれば急激な円安が進み、今まで後回しにしていた「負担」が「通貨安インフレ」という形でおそってくることになる。

■ 僕らは"地道に考えながら"歩んでいけるか

太　生産年齢人口が減って高齢者が増える、というのは、日本だけの現象なの？

モ　いや。先進国であればみなそうなる。今度はそのデータを見てみよう。まずはOECD加盟国の総人口から。図6-7

太　1970年は9億1800万人で、2020年は13億7200万人か。50年間で約1.5倍になってるね。

モ　うん。次に生産年齢人口（15～64歳）割合と、高齢者人口（65歳以上）割合の推移を見てみよう。図6-8 図6-9

太　生産年齢人口割合は、2007年に66.69％でピークになっ

図6-7 先進国の過去50年の人口推移

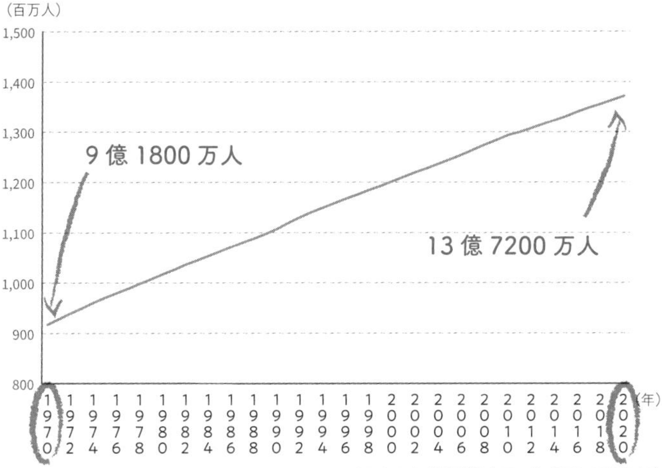

OECD加盟国総人口（1970-2020年）

た後、落ち続けているね。他方で、高齢者人口割合はずっと増え続けている。1970年は9.3%だったのが、2020年にはその2倍に近い17.33%。

モ 最後に**合計特殊出生率**の推移を見てみよう。ちなみに、**人口が増加も減少もしない均衡した状態となる合計特殊出生率を「人口置換水準」と言うのだが、それは2.07だ。**

図6-10

太 1970年は2.84だったけど、2020年は1.59か。人口置換水準を大きく下回っているね。こうやって見ていくと、生産年齢人口が減り、高齢者人口が増えていくという現象は、日本だけではなく、先進国共通なのが分かるね。

モ そう。そして、医療技術の発達などにより人間の寿命が

図 6-8 先進国の過去50年の生産年齢人口割合の推移

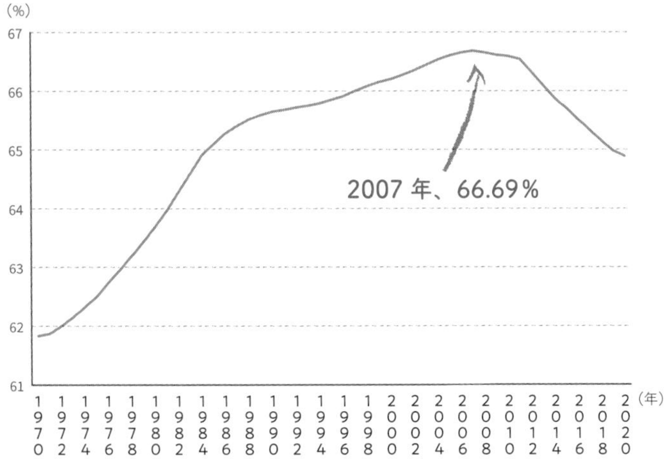

OECD 加盟国生産年齢人口割合（1970-2020年）

図 6-9 先進国の過去50年の高齢者人口割合の推移

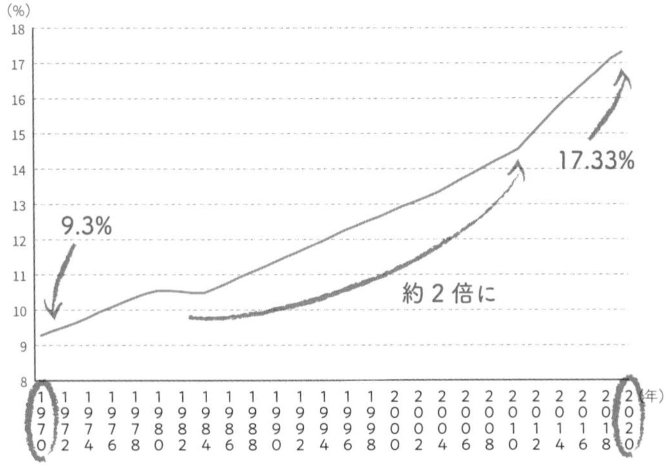

OECD 加盟国高齢者人口割合（1970-2020年）

図 6-10 先進国の過去50年の合計特殊出生率の推移

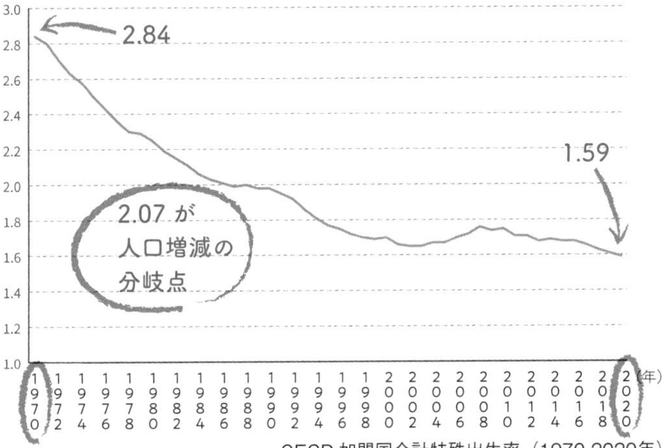

OECD 加盟国合計特殊出生率（1970-2020年）

延びた分、出生数が減ってもただちに全体の人口が減るわけではないのだが、長期的に見ると全体の人口も減少に転じる時が来る。それが今の日本だ。日本は先進国が必ず直面する「生産年齢人口減少、高齢者人口増大」という問題の最前線にいる。

太　でも、そういう危機感、薄い気がするんだけど。

モ　そうだね。あまりにも辛い現実を目の前にしたとき、自分の精神を安定させる最良の方法は、とりあえずその現実から目をそらすことだ。これは人間にとっての本能的行動と言ってもよいだろう。**日本は「借金」という方法で目をそらしている。**でも、いずれ嫌でも現実を見なければいけない時が来る。

太　どうすればいいのだろうね。

モ　君の「どうすればいい」という言葉の意味はなんだろう。君はどういう状態になってほしいと望んでいる？

太　そう言われると、なんだろう。**とりあえず安心して生きていきたい。病気や怪我とかが原因で働けなくなっても生きていける社会がいいし、老後も保障してほしい。**

モ　そうだね。でもそれにはお金が必要だ。そしてそのお金は無からは生まれない。自分でそのお金を出せないなら誰かに負担してもらわないといけない。日本はその問題からずっと逃げてきた。「税金は悪」「社会保険料は悪」という風潮を煽る政治家もたくさんいる。まずは負担に対する認識を変えないとダメだね。税金も社会保険料も、みんなで支え合うために必要なものだ。

太　でも、変わるのかな。この先、通貨崩壊が待っていて、みんな苦しくなるわけでしょ。それで負担の増大なんて受け入れられるとは思えないよ。

モ　そうだね。それが現実だね。

太　いや、そこであっさり認めないでよ。どうすりゃいいの。

モ　どうすればいいんだろうね。僕は答えを持っていない。ただ、みんなで支え合うことができなければ、「働けなくなったらおしまい」という国になるだろう。それだけははっきりしている。

太　えー。じゃあ海外移住して働いた方がいいかな。

モ　人によってはその選択が正解になるかもしれないが、母国とは別の国で生きていくのは、それはそれで大変なことだ。それに、日本と同じ問題は、程度の差はあれどの国でも直面する。

太　えー。どうすればいいんだろ。なんか名案出してよ。

モ　名案はないよ。1つ言えるのは、「一発逆転はない」ということだ。将来が不安だからといって、**「一発逆転の名案」を吹聴する人にだまされてはいけない**。見たくなくても現実は現実だ。その現実を前提に、最良の方法は何かを自分の頭で考えるべきだ。一番危険なのは、思考停止し、一発逆転を期待して極端な思想の政治家に任せてしまうことだ。ドイツのヒトラーなどはその一例と言える。経済がどん底に落ちたときには、必ずああいう人がどこの国でも現れる。それにだまされてはいけないよ。

図のデータの引用元一覧

図 1-1 名目賃金伸び率（1996-2021年） OECD.Stat

図 1-2 実質賃金伸び率（1996-2021年）OECD.Stat

図 1-3 名目GDP伸び率（1996-2021年）IMF「World Economic Outlook Database」

図 1-4 実質GDP伸び率（1996-2021年）IMF「World Economic Outlook Database」

図 1-5 バブル期の公定歩合（1983-1990年）日本銀行「基準割引率および基準貸付利率（従来「公定歩合」として掲載されていたもの）の推移」

図 1-6 公示価格推移（1975-1998年）※全用途　国土交通省「地価公示」

図 1-7 日経平均終値推移（1981-1994年）※年次　日経平均終値推移（年次）

図 1-8 破綻銀行数（1990-2003年）　金融庁「日本の不良債権問題と金融再生」

図 1-9 国内銀行貸出金残高推移（1980-2005年）日本統計協会　『新版日本長期統計総覧』第3巻「1-4-3-a　国内銀行の資産・負債等 - 銀行勘定（昭和50年～平成17年）」

図1-10 名目GDPの推移（1980-2020年）　内閣府「国民経済計算」

図1-11 賃金と物価の推移（1990-2021年）※1990年＝100　①賃金…厚生労働省「毎月勤労統計調査」、②消費者物価指数…総務省統計局「消費者物価指数」

図1-12 失業率推移（1985-2005年）　総務省統計局「労働力調査」

図1-13 マネタリーベースとマネーストックの推移（2003-2019年）　日本銀行「時系列統計データ検索サイト」

図1-14 マネーストック／マネタリーベース（2003-2021年）　日本銀行「時系列統計データ検索サイト」

図 2-1 日米MB対名目GDP比（1994-2021年）　①日本銀行「時系列統計データ検索サイト」、②Federal Reserve Economic Data、③内閣府「国民経済計算」、④IMF「World Economic Outlook Database」

図 2-2 マネタリーベースとマネーストック（2003-2021年）※2012年＝100　日本銀行「時系列統計データ検索サイト」

図 2-3 消費者物価指数（1994-2021年）※持ち家の帰属家賃を除く　※2012年度＝100　総務省統計局「消費者物価指数」

図 2-4 東京市場 ドル・円　スポット　17時時点／月中平均（2000-2022年）日本銀行「時系列統計データ検索サイト」

図 2-5 原油価格の推移（1986-2021年）　※Cushing, OK WTI Spot Price FOB Dollars per Barrel U.S. Energy Information Administration (EIA)

図 2-6 名目賃金・実質賃金・消費者物価指数（1994-2019年）※2012年度＝100　①賃金…厚生労働省「毎月勤労統計調査」、②消費者物価指数…総務省統計

局「消費者物価指数」

図 2-7 一般労働者の名目・実質賃金と消費者物価指数（1994-2019年）※2012年度＝100　①賃金…厚生労働省「毎月勤労統計調査」、②消費者物価指数…総務省統計局「消費者物価指数」

図 2-8 高度経済成長期の名目賃金・実質賃金（製造業）、消費者物価指数（1954-1973年）※1954年＝100　①製造業名目賃金…『新版日本長期統計総覧』第4巻「19-48-a　産業別名目賃金指数（現金給与総額）（事業所規模30人以上）（昭和27年～平成15年）」、②消費者物価指数…総務省統計局「消費者物価指数」

図 2-9 実質家計最終消費支出（1994-2015年）　内閣府「国民経済計算」

図2-10 実質GDP（1994-2015年）　内閣府「国民経済計算」

図2-11 名目・実質世帯消費動向指数（2002-2021年）※2012年＝100　総務省統計局「消費動向指数」

図2-12 食料価格とエンゲル係数（2000-2021年）※食料価格2012年＝100　①エンゲル係数…総務省統計局「家計調査」、②食料価格指数…総務省統計局「消費者物価指数」

図2-13「平成17年基準」名目GDP（1994-2015年）　内閣府「国民経済計算」

図2-14「平成23年基準」名目GDP（1994-2015年）　内閣府「国民経済計算」

図2-15「平成17年基準」と「平成23年基準」のGDP差額（1994-2015年）　内閣府「国民経済計算」

図2-16 名目GDP（実額）の改定要因について　平成28年12月22日付内閣府作成資料「平成27年度国民経済計算年次推計（平成23年基準改定値）（フロー編）ポイント」

図2-17 2008SNAによるかさ上げ額（1994-2015年）　内閣府「国民経済計算」

図2-18「その他」のかさ上げ額（1994-2015年）　内閣府「国民経済計算」

図2-19「平成23年基準」から「その他」を引いた数値（1994-2015年）　内閣府「国民経済計算」

図2-20 名目民間最終消費支出差額と「その他」かさ上げ額（1994-2015年）　内閣府「国民経済計算」

図2-21「平成17・23・27年基準」の名目GDP比較（1994-2021年）　内閣府「国民経済計算」

図2-22「平成23年基準」と「平成27年基準」の名目GDP差額（1994-2019年）内閣府「国民経済計算」

図2-23 名目賃金前年比上昇率（1991-2021年）　厚生労働省「毎月勤労統計調査」

図2-24 実質家計最終消費支出（1994-2021年）　内閣府「国民統済計算」

図2-25 産業別増加雇用者数（2012-2019年）　総務省統計局「労働力調査」

図2-26 就業者数（2009-2019年）の推移　総務省統計局「労働力調査」

図2-27 年齢階級別就業者数の比較（2012年12月と2019年12月）　総務省統計

局「労働力調査」

図2-28 就業者数減少群（25-34歳＋35-44歳＋55-64歳）の推移（2010年1月-2015年7月） 総務省統計局「労働力調査」

図2-29 就業者数増加群（15-24歳＋45-54歳＋65歳以上）の推移（2010年1月-2015年7月） 総務省統計局「労働力調査」

図2-30 有効求人倍率・失業率（1990-2019年） ①失業率…総務省統計局「労働力調査」、②有効求人倍率…厚生労働省「一般職業紹介状況」

図2-31 20-24歳人口と60-64歳人口の推移（1990-2019年） 総務省統計局

図2-32 賃上げの対象となった組合員数の割合（2009-2019年） ①総務省統計局「労働力調査」、②連合「春季生活闘争」

図2-33 実質賃金上昇率（2010-2019年） 厚生労働省「毎月勤労統計調査」

図2-34 日本株の投資部門別買越額推移（2008-2021年） 日本取引所グループ「投資部門別売買状況」

図2-35 GPIFによる国内株式運用額・率（2001-2021年） GPIF「運用状況」

図2-36 日銀ETF購入額（2011-2021年） 日本銀行「指数連動型上場投資信託受益権（ETF）および不動産投資法人投資口（J-REIT）の買入結果」

図2-37 公示価格（全用途）推移（1975-2022年） 国土交通省「地価公示」

図2-38 公示価格（全用途）推移（2000-2022年） 国土交通省「地価公示」

図2-39 輸出金額・価格・数量指数（2010-2019年） ※2012年＝100 財務省「貿易統計」

図3-1 賃借対照表 財務省「令和2年度『国の財務書類』のポイント」

図3-2 借換債による公債償還の仕組み「60年償還ルール」 財務省「債務管理リポート2017－国の債務管理と公的債務の現状－」

図3-3 建設国債・特例国債・借換債発行額推移（1965-2022年） 財務省「戦後の国債管理政策の推移」

図3-4 国債総発行額（1965-2022年） 財務省「戦後の国債管理政策の推移」

図3-5 令和4年度国債整理基金特別会計 財務省「令和４年度予算（国債整理基金特別会計）」

図3-6 令和４年度一般会計歳出 財務省「財政に関する資料」

図3-7 令和４年度一般会計歳入 財務省「財政に関する資料」

図3-8 日銀の国債買入額・償還額・純増額（2000-2021年） 日本銀行「時系列統計データ検索サイト」

図3-9 日銀総買入額／国債総発行額（2000-2021年） ①日銀買入総額…日本銀行「時系列統計データ検索サイト」、②国債総発行額…財務省「戦後の国債管理政策の推移」

図3-10 長期金利（年平均）（2000-2021年） 財務省「国債金利情報」

図3-11 表面利率・応募者平均利回り（2000-2021年） 財務省「国債等関係諸資料」

図3-12 新発10年国債の表面利率と長期金利（2000-2021年）　財務省「国債金利情報」「国債等関係諸資料」

図3-13 利払費と金利の推移（1975-2022年）　財務省

図3-14 一般会計における歳出・税収・建設及び特例国債発行額の推移（1947-2022年）　①歳出…財務省「財政統計」、②税収…『新版日本長期統計総覧』第1巻「5-2-a 一般会計 - 主要科目別歳入決算額（昭和21年度〜平成15年度）」、③税収…財務省「一般会計税収の推移」、④建設国債・特例国債…財務省「戦後の国債管理政策の推移」

図3-15 消費者物価指数と物価上昇率の推移（1960-1991年）　総務省統計局「消費者物価指数」

図3-16 名目GDP成長率と実質GDP成長率（1960-1991年）　内閣府「国民経済計算」

図3-17 一般会計における社会保障関係費の割合と増加率の推移（1960-1991年）『新版日本長期統計総覧』第4巻「5-2-c 一般会計 - 目的別歳出決算額（昭和22年度〜平成15年度）」

図3-18 税制改正の影響を除いた税収（所得税・法人税）　内閣府

図3-19 法人税減収額（1989年度比）と消費税収（1990-2022年）　①歳出決算…財務省「財政統計」、②税収…『新版日本長期統計総覧』第1巻「5-2-a 一般会計 - 主要科目別歳入決算額（昭和21年度〜平成15年度）」、③税収…財務省「一般会計税収の推移」、④建設国債・特例国債…財務省「戦後の国債管理政策の推移」

図3-20 所得税減収額（1991年度比）と消費税収（1992-2022年）　①歳出決算…財務省「財政統計」、②税収…『新版日本長期統計総覧』第1巻「5-2-a 一般会計 - 主要科目別歳入決算額（昭和21年度〜平成15年度）」、③税収…財務省「一般会計税収の推移」、④建設国債・特例国債…財務省「戦後の国債管理政策の推移」

図3-21 建設国債・特例国債発行額（1980-2015年）　財務省「戦後の国債管理政策の推移」

図3-22 国土保全及び開発費＋社会保障関係費（1990-2008年）　①2003年度までは『新版日本長期統計総覧』第1巻「5-2-c 一般会計 - 目的別歳出決算額（昭和22年度〜平成15年度）」、②2004年度以降は財務省「平成9年度以降一般会計歳出決算」

図4-1 所得税収対GDP比（2020年）　OECD.Stat

図4-2 消費税収対GDP比（2020年）　OECD.Stat

図4-3 法人税収対GDP比（2020年）　OECD.Stat

図4-4 基幹3税対GDP比　OECD.Stat

図4-5 消費税収対GDP比上位10カ国との名目GDP比較（1996-2019年）※1996年＝100　IMF「World Economic Outlook Database」October 2022

図4-6 消費税収対GDP比上位10カ国との実質GDP比較（1996-2019年）※1996年＝100　IMF「World Economic Outlook Database」October 2022

図4-7 消費税収対GDP比上位9カ国との名目賃金比較（1996-2019年）※1996

年＝100　OECD.Stat

図4-8 消費税収対GDP比上位9カ国との実質賃金比較（1996-2019年）※1996年＝100　OECD.Stat

図4-9 国民負担率の国際比較（OECD加盟36カ国、2019年）　財務省

図4-10 公的社会支出対GDP比（2017年）　OECD.Stat

図4-11 政府総債務残高対GDP比（1980-2020年）　IMF「World Economic Outlook Database」October 2022

図5-1 年間総実労働時間の推移（1993-2021年）※パートタイム労働者を含む　厚生労働省「令和4年版過労死等防止対策白書」

図5-2 就業形態別年間総実労働時間及びパートタイム労働者比率の推移（1993-2021年）　厚生労働省「令和4年版過労死等防止対策白書」

図5-3 諸外国における年平均労働時間の推移（2000-2023年）　厚生労働省「令和4年版過労死等防止対策白書」

図5-4 諸外国における「週労働時間が49時間以上の者」の割合（2021年）　厚生労働省「令和4年版過労死等防止対策白書」

図5-5 脳・心臓疾患に係る労災請求件数の推移（2001-2021年）　厚生労働省「令和4年版過労死等防止対策白書」

図5-6 脳・心臓疾患に係る労災支給決定（認定）件数の推移（2001-2021年）厚生労働省「令和4年版過労死等防止対策白書」

図5-7 精神障害に係る労災請求件数の推移（2001-2021年）　厚生労働省「令和4年版過労死等防止対策白書」

図5-8 精神障害に係る労災支給決定（認定）件数の推移（2001-2021年）　厚生労働省「令和4年版過労死等防止対策白書」

図5-9 各国の労働基準監督官の数　厚生労働省労働基準局「労働基準監督行政について」

図5-10 雇用者数、労働組合員数及び推定組織率の推移（単一労働組合、平成元年-令和3年）　厚生労働省「令和3年労働組合基礎調査の概況」

図5-11 企業規模別（民営企業）労働組合員数及び推定組織率（単位労働組合）（2021年）　厚生労働省「令和3年労働組合基礎調査の概況」

図5-12 OECD加盟国労働組合組織率（2016年）　OECD.Stat

図5-13 OECD加盟国労働協約カバー率（2016年または2015年）　OECD.Stat

図5-14 付加価値の内訳　日本生産性本部

図5-15 在留外国人の構成比（在留資格別）（2019年末）　出入国在留管理庁

図5-16 研修生・技能実習生の在留状況及び「技能実習２号」への移行状況（2007-2019年）　出入国在留管理庁

図5-17 監督指導実施事業場数・労働基準関係法令違反事業場数・違反率の推移（2015-2019年）　厚生労働省「技能実習生の実習実施者に対する監督指導」

図5-18 実質実効為替レート指数（1970年1月-2022年1月）　日本銀行時系列統

計データ検索サイト

図5-19 産業別増加就業者数（2002-2021年）　総務省統計局「労働力調査」

図6-1 日本の人口の推移（800-2100年頃）　国土交通省国土計画局

図6-2 生産年齢人口・割合（2015-2065年）　国立社会保障・人口問題研究所「日本の将来推計人口（平成29年推計）」

図6-3 高齢者人口・割合（2015-2065年）　国立社会保障・人口問題研究所「日本の将来推計人口（平成29年推計）」

図6-4 後期高齢者人口・割合（2015-2065年）　国立社会保障・人口問題研究所「日本の将来推計人口（平成29年推計）」

図6-5 社会保障給付費の推移（1950-2022年）　厚生労働省

図6-6 社会保障の給付と負担の現状（2022年度予算ベース）　厚生労働省

図6-7 OECD加盟国総人口（1970-2020年）　OECD Data

図6-8 OECD加盟国生産年齢人口割合（1970-2020年）　OECD Data

図6-9 OECD加盟国高齢者人口割合（1970-2020年）　OECD Data

図6-10 OECD加盟国合計特殊出生率（1970-2020年）OECD Data

明石順平（Junpei Akashi）

弁護士。1984年、和歌山県生まれ、栃木県育ち。東京都立大学法学部、法政大学法科大学院を卒業。主に労働事件、消費者被害事件を担当。ブラック企業被害対策弁護団所属。著書に『アベノミクスによろしく』『データが語る日本財政の未来』『国家の統計破壊』『ツーカとゼーキン』（いずれも集英社インターナショナル新書）『キリギリスの年金』（朝日新聞）、『人間使い捨て国家』『財政爆発』（ともに角川新書）など。ブログ「モノシリンの3分でまとめるモノシリ話」管理人。

働《はたら》くときに知《し》っておきたい「自《じ》分《ぶん》ごと」のお金《かね》の話《はなし》

データで見《み》る日《に》本《ほん》経《けい》済《ざい》の現《げん》在《ざい》地《ち》

2023年5月20日　第1刷発行

著者	明《あか》石《し》順《じゅん》平《ぺい》
発行者	佐藤　靖
発行所	大《だい》和《わ》書房
	東京都文京区関口1-33-4
	電話03-3203-4511
カバーデザイン	西垂水敦・市川さつき（krran）
装画	pum
本文・図版デザイン	松好那名（matt's work）
DTP・図版作成	朝日メディアインターナショナル
校正	ツタヤノブコ
編集	中山淳也
カバー印刷	歩プロセス
本文印刷	シナノ
製本	小泉製本

ISBN 978-4-479-79782-1